大学英语教学策略与学习方法探究

陈辉 著

吉林出版集团股份有限公司

图书在版编目（CIP）数据

大学英语教学策略与学习方法探究 / 陈辉著. -- 长春：吉林出版集团股份有限公司，2019.7
ISBN 978-7-5581-7557-2

Ⅰ. ①大… Ⅱ. ①陈… Ⅲ. ①英语－教学研究－高等学校 Ⅳ. ①H319.3

中国版本图书馆CIP数据核字(2019)第158284号

书　　名：大学英语教学策略与学习方法探究
作　　者/陈辉 著
责任编辑/蔡宏浩
责任校对/朱进
封面设计/姜薇
开　　本/787mm×1092mm　1/16
字　　数/300千字
印　　张/12.75
版　　次/2019年7月第 1 版
印　　次/2021年1月第 2 次印刷

出 版/吉林出版集团股份有限公司（长春市人民大街4646号）
发 行/吉林音像出版社有限责任公司
地 址/长春市福祉大路5788号
电 话/0431-81629674
印 刷/长春市博美图文印业有限公司

ISBN 978-7-5581-7557-2　　　　　　　　　　　　　定 价：65.00元

前言 PREFACE

21世纪以来,中国已经势不可挡地全面融入经济全球化、知识信息化的浪潮,在以和平与发展为时代特征的地球村中扮演着越来越重要的角色,也面临着越来越多的来自国内外的机遇与挑战。与各国经济文化等方面交流的增多,必然对我国外语人才的数量、质量、层次和种类提出更高的要求。掌握一门外语以主动融入国际交流是目前乃至未来社会人才必备的重要素质之一,这已成为国人的共识。在英国、美国、加拿大、澳大利亚、新西兰等说英语的国家里英语是母语或第一语言。在中国、日本、德国、以色列等国家里英语是外语,它不是官方语言而只是学校的一门课程。当然它也可以作为一种第二语言存在,即它虽然不是某国家或某地区人们的母语,但它仍然是那里法律、政府、教育以及公共媒体的语言。

英语教学是丰富学生英语语言基础、发展学生英语技能水平、增强学生英语综合应用能力以及培养学生跨文化交际能力的主要渠道,同时英语教学也是向社会输出英语人才的主要通道。所以说,英语教学对于学生的发展以及社会的发展都起着至关重要的作用。自改革开放以来,我国英语教学得到了快速的发展,教学质量不断提高。而且近些年来,英语教学也在不断地改革与发展,以适应社会的需求,满足学生的需求。但尽管如此,英语教学在宏观上仍滞后于经济发展的需要,并且在具体的教学中也存在很多问题,如理论脱离现实、改革缺乏创新、教材内容落后等。

英语教学是一个循序渐进、学习内容系统化的连续过程。它应遵循教学目标渐进化、学习内容系统化的规律。在教学中要把丰富学生的精神世界,促进其心理发展,与增强学生体质结合起来,要注意学生的生理、心理与智力技能的和谐发展,提高学生的整体素质。英语首先是一种技能培养型的课程,要把语言作为一种交际的工具来教、来学、来使用,而不是把教会学生一套语法规则和零碎的词语用法作为语言教学的最终目标,要使学生能用所学的语言与人交流,获取信息。在教学过程中,教、学、用三个方面构成一个有机的相辅相成的统一体,其中的核心在于使用。与学习游泳、踢足球类似,使用交际工具的能力是在使用的过程中培养出来的。因此,教师需转变以往陈旧的教学观念,认清课程的性质,是落实交际性原则首先需要解决的问题。

本书由武汉轻工大学外语学院陈辉著。

目 录 CONTENTS

第一章 现代英语教学综述 001
第一节 现代英语教学的内涵 001
第二节 现代英语教学的影响因素 003
第三节 现代英语教学与需求分析 009
第四节 现代英语教学的原则 017

第二章 现代英语教学理论与发展改革研究 030
第一节 英语教学基础理论 030
第二节 现代英语教学的改革 037
第三节 现代英语教学的发展 052

第三章 大学英语教学策略 090
第一节 英语教学策略的概念 090
第二节 英语教学策略的运用 091
第三节 英语教学组织策略 098

第四章 大学英语知识教学 110
第一节 英语语音教学 110
第二节 英语词汇教学 117
第三节 英语语法教学 126

第五章 大学英语听力教学 135
第一节 英语听力教学概述 136

第二节 听力教学原则 …………………………………………146
　　第三节 英语听力技能 …………………………………………149
第六章　大学英语口语教学 ……………………………………158
　　第一节 英语口语教学的理论基础 ……………………………158
　　第二节 英语口语教学的原则 …………………………………163
　　第三节 英语口语教学的模式 …………………………………165
第七章　大学英语教学中的文化教学 …………………………170
　　第一节 文化的概述 ……………………………………………171
　　第二节 外语教学中文化教学的发展阶段 ……………………177
　　第三节 英语文化教学的理论及其意义 ………………………178
　　第四节 英语文化教学的内容 …………………………………184
　　第五节 英语文化教学的方法 …………………………………189
参考文献 …………………………………………………………195

第一章 现代英语教学综述

英语教学在我国经过几十年的发展已经取得了长足的进步,成为我国培养英语人才的重要途径,因此也受到越来越多的重视。本章我们就对现代英语教学进行整体上的综述,如教学内涵、英语教学的因素、需求分析以及教学原则等,帮助读者对英语教学有个整体上的了解,也帮助英语教师更好地把握教学细节。

第一节 现代英语教学的内涵

一、教学的定义

关于教学,不同学者给出了不同定义。

胡春洞认为,"教学"的含义应该包含两个方面:第一是教与学,即并列关系;第二是教学习,即使动关系。两个方面结合,就包含了教学的辩证关系、双向关系。教要以学为基础,从学出发,并以学为目标。教和学是同义的,教的规律和学的规律是统一的。胡春洞给出的这一定义比较全面地阐述了"教学"的真正含义。

《英汉双解现代汉语词典》给出的教学的定义是:教师把知识、技能传授给学生的过程。该定义是一种狭义的理解,把"教学"当作一个术语来理解。

Longman Dictionary of Contemporary English 将 Teaching 定义为:work, or profession of a teacher,也就是教书、教学的意思。此外,它还对 teachings 进行了阐述:that which are taught, esp.the moral, political, religious beliefs taught by a person of historical importance，也就是"教导、学说、教义"的意思。可见，teaching 与 teachings 是两个完全不同的概念。但是，这两个定义都没有全面覆盖"教学"的真正含义。

综合上述关于教学的定义，教学应该包含三层含义，即教学（teaching）、"教"与"学"（teaching and learning）、教如何学习（teaching how to learn）。

二、英语教育的本质

从教育的内容来看，英语教育既是语言教育，又是文化教育。

英语是一种语言，英语教育就是对这门语言的教育。语言教育通常应以培养学生运用语言的能力为目的，只通过学习语言专门研究这门语言的语言知识的人不是以运用语言为目的，他们学习语言的目的是研究语言知识，如学习一些目前已经不再使用的语言，如古希腊语、古汉语等。

对于中国人来说，英语作为第二语言，是一门外语，英语教育也就是外语教育。从人类外语教育的发展历史来看，外语教育离不开外语知识教育，以外语知识为基础的外语教育有利于学生运用外语能力的培养。因此，英语教育作为语言教育，其本质应该是培养学生综合运用英语的能力。

此外，英语不仅仅是一种语言，也是以英语为母语及以英语作为第二语言的人类群体的文化的重要内容，同时英语还是人类文化的重要载体。因此，英语教育又是文化教育。

三、英语教学内涵概述

在英语学习过程中，英语教学是一个非常基本而又复杂的因素。英语教学是一种教育活动。对教师而言，教学是引导学生学习的教育活动；而对学生来说，教学则是在教师的引导下的学习活动。学生是否得到发展是教学能否实现其目标的关键。教学是一个师生互动的过程，是教师教和学生学，共同完成预定任务的双边统一的活动。

具体来说，英语教学的内涵主要包括以下几个方面的内容。

1.英语教学是有目的的活动。在英语教学中的不同学段、学期，不同的教材、单元等有着不同的教学目的与教学目标，而教学目标又可分为不同的领域或层次。

2.英语教学具有一定的系统性和计划性。这种系统的计划主要是由教育行政机构、教研部门和学校的教学管理者等制订的;英语教学是对包括英语语音、词汇、语法、写作、阅读等具体知识和技能的传递。

3.英语教学需要采取合理的教学方法和教育技术。英语教学经过深厚的历史积淀,形成了大量有效的教学方法。现代科学技术,尤其是信息技术的发展,为英语教学提供了可以借助的多种教育技术。

综上所述,我们可以将英语教学的内涵概括为:教师依据一定的英语教学目的与教学目标,在有计划的系统性的过程中,借助一定的方法和技术,以传授和掌握英语知识为基础,促进学生整体素质发展的教与学相统一的教育活动。

第二节 现代英语教学的影响因素

一、教师

教师是教学活动的组织者,也是影响教学效果的最重要的因素之一。作为英语学科的教师,在充分发挥教师主导作用的同时,也要清醒地意识到教师这一角色需要在教学过程中发挥着怎样的作用。我们这里所说的教师的角色,就是教师在教学过程中的职责以及教师的职业特征。在传统的教学中,教师角色主要是知识的传授者、教学的主宰者。但是随着教学理念的改变,教师的角色已经发生了改变。现代的英语教学中的教师主要扮演着以下角色。

1.知识的传授者。教师作为知识的传授者,主要是指教师扮演着知识的传递者和信息源的角色。在大学英语教学中,教师不但要传授知识、传授学习策略和方法,还要传授做人的道理。

2.资源的提供者。教师是活动的资源中心,可以向学生提供教学活动所需要的背景知识、答案、范例、机会等,时时刻刻准备着帮助学生,帮助学生取得更大进步,促进学生身心健康和全面发展。

3.活动的组织者。教学活动的成功与否主要在于组织。教师作为活动的组织者,主要是使学生明白自己要干什么,为此,教师要把教学任务清楚地告诉学生,使学生明白自己的活动任务,以及如何开展活动,活动结束后如何组织评价反馈等。

4.活动的促进者。这主要是指当学生在发言、回答问题、完成任务等学习过程中遇到困难时,教师应提供有帮助的信息,或提示新旧知识之间的联系线索,使学生把当前学习内容与已掌握的知识经验联系起来,帮助学生构建新的知识经验体系。

5.活动的参与者。教师在组织学生执行课堂活动时,要把自己当成学生中的一员,参与到他们的活动中,这样既可以增进课堂气氛,增进师生感情,又可以帮助学生解决难题,还可以从学生那里学到很多自己意想不到的好点子,从而促进英语教学质量的提高。

6.行为的评价者。这主要是指教师要纠正学生所犯的错误,并组织反馈。教师纠正错误的方式应该是温和的,切忌小题大做;而组织反馈是评价学生行为的有效方式,可以以此判断出学生是否掌握了英语学习的方法。

7.激励者。激励者是教师在以学生为中心的教学中扮演的角色。在以学生为中心的教学中,教师把课堂的控制权基本上移交给学生,自己则引导、鼓励和促进学生学习。激励者这一角色要求教师必须具备广博的知识,以及说服、激励学生的能力。

8.研究者。每一位教师要真正扮演教师与研究者的双重角色,除了必须具备一定的教育科研能力,还要明确自己的研究方向、研究责任,不断发现问题并解决问题,将教学与科学研究结合起来,从而完成自己的教育教学,并促进教学研究和教学实践的发展。

二、学生

学生是课堂学习的主体。《现代汉语词典》中给出的"主体"定义就是"有认识和实践能力的人"。由此可知,学生能够作为学习的主体,是因为他们具有一定的认识和实践能力。在英语教学中,教师要教会学生通过感官获取来自教材的各种信息,并学会对这些信息进行比较、分析、综合、概括,进行去粗取精、去伪存真、由此及彼、由表及里的思考,抓住事物的本质,发现事物内在的联系,从而归纳出事物的规律,确立科学的知识系统。经过这一过程之后,学生不仅学到了英语知识,培养了英语交际能力,而且在学习过程中培养出独立自主的学习能力,学会独立解决新问题。可见,学生学习的过程,就是不断主动丰富自己的主观世界、不断完善自己的内化过程。教师在教学的过程中需要注意学生这一角色的特殊性以及不同学生身上所具有的个体差异性。

(一) 学生的角色

英语教学应面向全体学生，为学生全面和终身发展奠定基础，以学生学习方式为核心，强调对学生学习愿望、学习习惯和学习能力的培养，倡导学生培养积极主动的学习方式，关注学生自我评价、评价激励、反馈和调整功能。教学中学生所扮演的角色主要有如下几个。

1. 主人。学生是学习的主体，也是教学活动的主体。学生对知识的探索、发现、吸收和内化等实践，不仅有助于学生逐步构建自己的知识体系，而且有助于学生形成科学的世界观、人生观和价值观。

2. 参与者。教师在大学英语教学中应激发学生的学习兴趣，激发学生的参与积极性，让学生乐在其中。在学习过程中，学生应充分思考，积极参与，表达观点，展示个人才能，保持浓厚的学习热情。

3. 合作者。英语学习是在师生、生生之间进行的，学习过程也是团队合作的过程。学生在学习中互相学习，彼此促进，共同提高。协商与互助使每个人都能感受到集体的力量和团队合作的精神。

4. 反馈者。在大学英语教学中，学生会根据自身的学习经历以及教学法的适用性向教师提出建议，协助教师就相关问题改进和完善教学内容和教学方法，以此促进英语教学。

(二) 学生的个体差异

教育的根本目的在于培养人，这就要求教育者必须掌握学生生理、心理发展的规律和个体差异。学生的个体差异，尤其是学习动机、学习态度以及自身性格等方面的差异，使他们理解和掌握新知识的速度和程度不同。根据学生的个体差异制订教学计划，选择适合的教学材料和方法，具有重要的教学实践意义。

1. 认知风格。认知风格是指人在信息加工（包括接受、储存、转化、提取和使用）过程中表现出来的认知组织和认知功能方面持久一贯的风格，既包括个体知觉、记忆、思维等认知过程方面的差异，又包括个体态度、动机等人格形成和认知功能与认知能力方面的差异。不同的学习个体，其认知风格也有所不同，并且不同认知风格具有不同的优势和劣势。但是，这并不代表学生的学习成绩有差别。不同的学生有各自偏爱的信息加工方式，在学习不同材料时也会各有所长。不过，当学生的认知风格与教师的教学风格以及学习环境中的其他因素相吻合时,学生的学习成绩会更好。认知风格对学生选择学习策略和教学策略也有影响。因此,教师在英语教学中应该了解并尊重学生不同的认知类型,针对不同的学习任务、学习环境因材施教,妥善引导,将自己的教学特点与学生的需要联系起来,进而取得良好的教学效果。

2.语言潜能。语言潜能是指学习外语所需的认知素质,或者说是学习外语的能力倾向,即一种固定的天资。努力提高学生外语素质就是要培养学生的综合语言运用能力,而语言潜能正是就学生的认知素质来预测其学习外语的潜在能力。不同的学生,其语言潜能也存在着一定的差异。在英语教学过程中,教师应了解学生的语言潜能,进而因材施教,使学生针对不同的学习任务在不同场合发挥各自的长处,以收到事半功倍的教学效果。

3.情感因素。学生在英语学习过程中受到个人情感因素的影响,如性格、态度、学习动机等。其中,性格指一个人对现实的态度和行为方式表现得比较稳定但又可变的心理特征。性格不仅是学生的重要情感因素,而且是决定学生外语学习成功与否的关键因素之一。态度是个体对待他人或事物的稳定的心理倾向或为达到某种目的而做出的一定努力。态度一般包括认知成分、情感成分和意动成分三个方面。其中,认知成分是指对某一目标的信念;情感成分是指对某一目标的好恶程度;而意动成分则是指对某一目标的行动意向及实际行动。学习动机是指激发个体进行学习活动、维持已引起的学习活动,并使行为朝向一定的学习目标的一种内在过程或内部心理状态。学习动机是直接推动学生进行外语学习的内部动力,对外语学习成绩有着关键的影响。

三、教学内容

教学内容是指在教学活动中为实现教学目标,师生共同作用的知识、思想、观点、概念、原理、事实、技能、技巧、问题、行为习惯的总和。教学内容是学生认识和掌握的主要对象,是教师和学生进行教学活动的重要依据。没有教学内容,教学活动就无法进行。根据教育目标,选择并确定教学内容,研制课程计划、课程标准,编制教科书,在教学过程中发挥师生的主动性,活化教学内容并使学生有效掌握,是保证高质量人才培养的重要前提。可见,教学内容也是影响英语教学效果的重要因素。归纳起来,英语教学的内容主要包括以下几个方面。

1.语言知识。语言知识是综合英语运用能力的有机组成部分,也是语言学习和语言运用的重要内容之一。没有扎实的语言知识作为基础,就不可能掌握较强的语言能力。

例如,大学英语教育阶段的学生应该学习和掌握的英语基础知识包括语音、词汇、语法、功能和话题等内容。这五个方面的内容密切联系、不可分割。语音、词汇和语法(语言形式)体现在一定的话题中。学生在运用语言时,除了要具有话题知识,还应掌握语言形式在一定话题中所具有的功能。只有当他们既掌握语音、词汇和语法,又具备语言功能和话题方面的知识时,才能正确、得体地运用语言进行交流和沟通。

2.语言技能。学生在学习和运用语言时必备的四项基本语言技能是听、说、读、写,这四项基本语言技能是学生形成综合语言运用能力的重要基础和重要手段。大学英语教学内容必须包括听、说、读、写四个方面的语言技能及其综合运用能力,为学生提供体验语言的机会和感知语言的机会,促进学生更加熟练地掌握语言知识。在这四项基本技能中,听是分辨、理解话语的能力;说是运用口语表达思想的能力,同时也是运用口语输出信息的能力;读是辨认、理解书面语言的能力;写则是运用书面语表达思想的能力,同时也是运用书面语输出信息的能力。通过大量听、说、读、写的专项和综合性语言实践活动,学生可以形成这四种技能的综合运用能力,为真实的语言交际奠定基础。

3.学习策略。学习策略指学生为有效地学习和发展而采取的各种行动和步骤。英语的学习策略包括认知策略、调控策略、交际策略和资源策略等。学习和培养正确的学习策略有助于提高学生学习英语的效率和效果,也有助于学生学会独立学习和自主学习,为学生的终身学习奠定基础。使用有效的英语学习策略,可以改进英语学习方式,提升英语学习效果,减少学习潜能偏低或智力发育迟滞学生的学习困难。教师在英语教学中要有意识地帮助学生形成适合自己的学习策略,对自己的学习过程、学习效果进行监控和反思,培养学生根据学习风格不断调整学习策略的能力,并引导学生学会观察他人的学习策略,同时通过与他人交流学习体会,尝试不同的学习策略。

4.情感态度。情感态度既包括影响学生学习过程和学习效果的相关因素,如兴趣、动机、自信、意志和合作精神等,又包括学生在学习过程中逐渐形成的祖国意识和国际视野。学生在学习过程中往往受到价值观、意志、理智、动机及教师的人格、态度、情感投入、教学风格等各种情感因素的影响。因此,教师在英语教学中有责任和义务关注学生的情感,帮助学生培养和发展积极向上的情感态度。在英语教学中,教师应该不断激发学生的学习兴趣,强化学生的学习兴趣,并引导学生逐渐将兴趣转化为稳定的学习动机,树立自信心,锻炼克服困难的意志,正确认识学习中的优势与不足,培养乐于与他人合作的品质,养成和谐、健康向上的品格。同时,增强祖国意识,拓展国际视野。

5.文化意识。在英语教学中,文化是指英语国家的历史地理、风土人情、传统习俗、生活方式、文学艺术、行为规范、价值观念等。语言是文化的载体,脱离文化,语言就失去思想性、人文性、知识性和工具性。接触和了解英语国家的文化,不仅有助于学生理解和使用英语,而且有助于学生加深对本国文化的理解与认识,还有助于学生提高人文素养,培养世界意识。英语学习离不开对英语所代表和负载的文化的了解。在英语教学过程中,教师应渗透文化意识,根据学生的年龄特点及认知能力,向学生传授文化知识,培养文化意识和世界意识,并逐步扩展文化知识的内容和范围;此外,教师还应促进学生在学习其他民族的优秀文化中更好地继承、发扬中华民族的优良传统,培养学生形成"传承文明,开拓创新"的意识和能力。

四、学校

英语教学要想取得良好的效果,离不开学校的重视和支持。具体来说,学校的重视和支持对英语教学的影响主要体现在以下几个方面。

1.为英语教学提供时间保证。同传统教学相比,英语教师在进行备课时常常需要付出更多的时间与精力。同时,学生在参与教学时在课前准备与课后复习上也需要进行更多的准备与复习。因此,学校在整体教学安排上要为教学的备课与上课预留出充足的时间,保证教师备课与学生上课的时间不被其他教学活动所挤占。

2.为英语教学提供设施保证。英语教学具有方式灵活的特点,为了达到更好的教学效果,一些必要的教学设施,如多媒体教学设备、活动场地、活动材料等是必不可少的。另外,教学的内容丰富多彩,离不开电子期刊、英文书籍报刊、教学软件等教辅资料。可见,英语教学的顺利开展离不开学校的资金投入。学校投入资金购置、租用与英语教学相关的设施与材料,对教学效果提高有积极的推动作用。

3.为英语教学提供良性机制。为保证英语教学的顺利进行,学校应为英语教师创造轻松的工作环境,积极为英语教师解决工作、生活中的难题,同时提供科研的空间和深造的机会。这些努力会使英语教师深刻认识到自己工作的意义和价值,提高工作的积极性,从而努力提高自己的教学水平,保证英语教学的有效性。同时,学校在人才培养方案中规定学生通过学习应取得的基础英语水平,可以增加学生学习的动力,促使学生在课堂上积极参与和投入到教学中,从而改善课堂教学效果,提高英语水平。

第三节 现代英语教学与需求分析

一、需求与需求分析的定义

我国外语教育界对需求分析的研究起步较晚,相比之下,国外语言教学研究者对需求分析的关注已有几十年的历史。

我国学者文军将这种个人需求称为"向往"或"愿望"。除了上述观点,我们还可以把需求解释为"缺乏",即学生尚未掌握的英语语言知识和技能。

语言学家威多森(Widdowson,1979)认为,需求就是学生的学习或工作要求,即在课程结束后学生能够做什么,这是一种"目标定位"需求(goal-oriented)。稍后,威多森又提出了"过程定位"需求,即考虑学生实际获得语言所需做的事。

英国语言学教授贝里克(Berwick,1989)认为,学生自己希望从语言课中获得东西,这种需求指的是学生除学习或工作需求外的个人目标。

而对于需求分析的定义,学者们也提出了自己的观点。

理查兹等人认为,需求分析就是了解语言学习者对语言学习的需求,并根据轻重缓急安排学习需求的过程。简单地说,需求分析就是了解学生为什么要学习语言、需求学习语言的哪些方面以及需求学到什么程度等方面的信息。

我国学者陈冰冰指出,一般意义的需求分析就是通过内省、访谈、观察和问卷等手段对需求进行研究的技术和方法,已广泛应用于教育、经贸、服务和制造等领域。

在语言教育领域中,需求分析最早是通过专门用途英语被应用于语言教学研究中的,尤其是被应用于基于需求观的语言教学研究之中。在起初的专门用途英语中,学生的需求分析主要指为达到某些目标情景所需的语言知识和技能分析。如今,随着"需求"一词的含义开始变得更加宽泛(涉及语言、情感、教材或教育机构等各个方面的人的要求、愿望、动机和需求等),需求分析的含义和范围也更加广泛。

  通常来讲,需求分析的对象主要是学生、教师、教育行政部门管理者三个方面,而对学生的需求则是需求分析的重点。因此,我们在后文会对学生个体与学习需求及其分析进行重点介绍。

  需求分析应该以信息收集为基础。对信息的收集可以采用主观和客观两种形式。在语言教育领域中,需求分析的信息收集主要来自以下几个方面。

1.学生的信息。

2.教师的信息。

3.教育政策制订者和教育行政部门管理者的信息。

4.教育研究者和教育专家的信息。

5.社区的信息。

6.家长的信息。

二、英语教学需求分析

(一) 社会的需求

  社会需求是指社会对有关人员外语能力的需求,它是师生共同努力的方向和目标。一切教育都是为社会服务的,因而对人才的培养必须要根据社会的需求不断进行调整。当社会需求发生变化时,教育也要与其相互对应。改革开放之前,我国的国情相对落后,这就决定了我们要学习外语来借鉴西方先进的科学技术,因此注重阅读理解能力和翻译能力的培养也就成了时代发展的必然。改革开放之后,随着我国科学技术的迅猛发展,国际交往与交流的日益频繁,这使得我国外语学习的热潮达到了前所未有的程度。外语不再只是学习、借鉴的工具,其交际功能也开始显现出来。社会对外语交际能力的需求使得外语教学目标发生了改变,交际能力的培养逐渐提到了外语教学的日程上来。

  此外,我国的社会发展对外语人才的需求是多种多样的。戴炜栋提出,"外语人才的培养要进一步加强与社会需求的联系,注重点与面、质与量的有机结合。根据社会的需求,因材施教,培养出不同水平、专业和种类的外语人才。"要进行英语教学改革,首先要了解社会对英语教学的需求,这种需求是通过各个工作单位的工作人员使用英语的情况表现出来的。闫莉等也认为,只有清楚了社会的需求,我们的改革才能有的放矢,教学目标的制订才会更科学,按照这种教学目标培养出来的人才才能更满足社会的需求。

(二)学生个体的需求

学生个体需求的种类主要包括以下几个方面。

1.个人需求、学习需求和将来就业需求。日本学者增原惠吉(Masuhara)认为,需求可以分为个人需求、学习需求和将来就业需求。其中,学习需求是指学习风格、现有知识水平以及现有的技能与目标的差距,将来就业需求是指对学生对语言知识及其综合运用能力的需求。

2.全局需求和语法修辞需求。美国明尼苏达大学语言学教授埃莱纳·塔龙(Elaine Tarone)和美国路易斯安那州立大学语言学教授乔治·尤尔(George Yule)认为,应从全局需求分析和语法修辞需求分析这两个层面来探讨学生的需求。所谓全局需求层面是指学生将来使用语言以及完成语言相关任务的客观需求,它主要包括学习目的、目标情景、语言使用方式、对学习结果的期待以及对教学的态度等方面。而语言修辞层面是指学生为了满足将来的就业要求,对学习的语言、知识以及技能形式的需求。[1]

3.目标需求和学习需求。目标需求和学习需求的分类是哈钦森和沃特斯(Hutchinson & Waters, 1987)提出来的,该分类方法既合理又清楚明了,主要包括以下几个方面。

(1)目标需求:所谓目标需求是指学生在将来的目标场合使用语言的客观需要。哈钦森和沃特斯认为,目标需求可以分为以下三类。

1)需要:所谓需要,是指学生将来使用语言的某种客观需要,也就是为了在目标场合有效地使用语言,所应该掌握的语言知识或技能。例如,一个英语专业的学生将来会经常接待外宾,那么他(她)就需要培养听说技能,需要学习表示问候的各种说法,还需要学习有关接待、饭店、旅行等方面的英语词汇。

2)差距:差距是指学生将来语言使用的客观需要与现有的语言水平之间存

---

[1] 庚鲜海,康琴. 非英语专业学习者英语需求分析的动态研究[J]. 郑州航空工业管理学院学报,2010(2):107.

在的差距。仅仅了解学生将来运用语言的客观需要是不够的,因为需求分析的最终目的是为了指导现在的教学。确定差距是为了确定合理的教学起点,从而为当前的教学提供有效的指导。起点和终点之间的差距就是学生应该学习的重要内容。需要注意的是,即使是背景基本相同的学生,他们的起点也并不是完全相同的,也可能存在较大差异。如何使一个起点存在较大差异的学生群体能够在学习中各有所得,对教学设计者来说是一个不小的挑战。

3)愿望:所谓愿望就是学生自己希望学习到的内容,也就是学生自己的需求。需要与差距都是以学生将来运用语言的客观需求为参照来确定的。客观需要固然重要,但学生的主观愿望也是不可忽视的。

(2)学习需求:学生要达到某一客观目标必须经历一个学习过程,这个学习过程就是从起点到终点的过程。而学习需求就是学生在这个学习过程中所需要的条件和需要做的事情。由于英语教学需求分析的主要对象主体就是学生的学习需求,因此我们在下文就详细介绍有关学生学习需求的内容。

(三) 学生学习的需求

1.学习需求分析的意义。

(1)学习需求分析是教学设计过程的重要基础:教学设计是一个解决教学问题的过程,而只有发现了问题及其本质,才能更好地解决问题。学习需求分析是一种对学习差距的分析,其结果是提供相对准确的"差距"资料,从而构成教学设计项目的整体目标,而该目标就是指导教学设计继续进行的一系列步骤的重要依据。

学习需求分析的结果,可以论证教学设计的必要性、可行性和现实性,能够使教师、学生和教学设计者的精力、时间以及其他资源有效地用在解决教学中的问题上,从而提高整个教学效果。

(2)学习需求分析有助于理顺目的与手段、问题与方法之间的关系:传统教学设计过程中,设计者往往容易颠倒目的与手段、问题与方法之间的关系,从而制约了相关教学技术的应用及其效果。随着现代教育技术理论的发展,教学设计的研究重点已经从"如何教"发展到"教什么"和"为何教",从而在根本上扭转了传统教学设计的错误倾向。

具体来说,教学设计必须以学习需求分析作为切入点和出发点,这就理顺了目的与手段、问题与方法之间的关系。也就是说,要以问题的分析和确立作为起点,形成教学设计的总目标,然后找出解决问题的方法、途径或手段,从而较好地解决问题。可见,学习需求分析有效避免了教学设计的盲目性,使教学设计有了正确的方向。

(3)学习需求分析有利于解决教学中出现的问题:对学习需求的分析有助于发现教学中需要解决的问题,并进一步找到问题产生的原因或社会背景。了解了问题及其产生的原因,我们就可以运用创造性的思维和方法,做出准确的决策和计划。此外,通过学习需求分析,还可以发现学生的学习现状与教学新目标之间的差距,找出产生新差距的原因和性质,从而有针对性地解决教学过程中的创新问题。

2.学习需求的种类。对于学习需求的具体分类,伯顿和梅里尔(J.K.Burton & M.D.Merrill)的分类较为合理,主要包括以下六类需求。

(1)标准需求:所谓标准需求,是指学生群体或个体的某方面的现状与既定标准而显现出来的差距。这里的"差距"和上述目标需求的中的"差距"在概念上有细微不同。目标需求中的差距强调学生的现有水平和将来客观需要水平之间的差距,这里的差距侧重学生的现有水平与既定标准,即国家各类标准测试(如英语和计算机等级考试以及国家认可的各类考试)之间的差距。标准需求的确定步骤有三个:①获得标准;②取得对象与标准相比较的资料和数据;③通过比较获得差距,确定标准需求。

(2)相比需求:相比需求是指通过对比找出来的同类群体或个体之间的差距。例如,某校通过参观考察与同类学校在听音练习室、微机室、多媒体教室等方面的差距,更新"需求"或重建教学资源。

(3)感到的需求:所谓感到的需求是指个体感受到的需求。这种需求能够显出学生个体在其智能素质现有的水平与渴望达到的水平或社会平均水平之间的差距。

(4)表达需求:表达的需求可以看作是个体把感到的需求清晰地、准确地表达出来的"需求"。例如文字表达、口头表达、图表表达、图文并茂表达、绘画表达等。

(5)预期需求:预期的需求是指将来的需求,与上文提到的目标需求类似,是教学设计的重要组成部分。

(6)批判性事件的需求:批判性事件的需求一般很少发生,一旦发生便可能引起重大后果。例如,自然灾害、医疗事故、核事故、恐怖事件等。

3.学习需求分析的方法。在分析学习需求时,期望的参照系不同,具体的方法也就不同,归纳起来主要有以下两种分析方法。

(1)外部参照分析法:外部参照分析就是根据社会或职业的需求确定对学生的期望标准,并以此来衡量学生的学习现状,找出差距,确定学习需求。这种方法是将社会目前和未来发展的需求作为准则和价值尺度,找出教学教育中存在的问题,以此制订出教学、教育的目标。需要注意的是,由于涉及社会未来发展的需要,有一定的超前性,因此需要科学地预测这种需要。具体来说,外部参照分析首先需要收集与期望标准有关的社会需求信息;其次需要了解有关学生现状的信息。

收集与期望标准有关的社会需求信息的主要途径有以下几种。

1)对毕业生跟踪访谈、问卷调查:听取他们对社会需求的感受,以及对学校教学、教育的意见和建议。

2)分析毕业生所在单位对毕业生的工作记录和评价:获得职业岗位对高职生智能和素质的要求,以及改进教学的有关信息。

3)现场调研:深入职业岗位,取得对人才能力素质要求的最直接的信息。

4)设计相关的问卷:发到用人单位,了解社会对人才能力素质的要求的信息。

5)专家访谈:了解有关专家对社会当前以及未来发展关于人才需求的信息等。

有关学生学习现状的信息,可以设法将期望状态的各目标具体化,形成完整的指标体系,作为收集的基本依据,具体方法有以下几个。

1)按拟订的指标体系:设计测验题、问卷或观察表,然后整理分析从学生当中获取的有关信息。

2)根据指标体系:分析学生近期的测试成绩以及行为表现,获取相关信息资料。

3)召开师生座谈会或采用问卷调查:按指标体系了解学生的现状。

(2)内部参照分析法:所谓内部参照分析法是根据已定的教学目标对学生的期望与学生学习的现状进行比较,找出两者的差距,鉴别学习需求。如果这个内定目标能够充分反映社会需求、学生本身发展的要求和特征,那么这种方法就是有效的,否则就应进行必要的修正。

总体来说,内部参照分析法由于参照已定的教学目标,因此操作起来相对简单,省时省力,只是在分析过程中需要注意检查已定目标的合理性和适宜性。相比之下,外部参照分析法由于考虑了社会因素,因此更贴近社会需求,能够保证教学系统目标的合理性,但是操作起来比较困难,耗时耗力。在具体的分析过程中,我们应当采用内、外参照结合的方法,根据社会需求调整、修改已有的教学目标,再用修改后的目标来确定期望的状况。

三、需求分析对现代英语教学的启示

1.体现了"以学生为中心"的教学理念。学生是教学的对象。而我国的英语教学一直以来都存在普遍忽视学生主体性的现象,教师很少关注学生的学习需求,导致教与学严重脱节,这也是学习效率与教学效率不高的原因之一。"我们谈的基本是如何教外语,很少关心学生是如何学外语的。那就是为什么我们总是那么热衷各种各样的所谓新的教学法,热衷这样那样的教材和辅导书,而很少研究学生实际的需求,很少根据学生的实际需要来制订教学计划。"

而需求分析,尤其是学习需求分析可以使教师全面掌握学习者的实际情况,如年龄、受教育情况、学习动机、实际水平、学习目的、愿望、学习方法和偏好等。除此之外,在需求分析中,还可以了解学生想要掌握哪些语言技能、达到什么等级、用于什么领域以及学生在哪些方面好、哪些方面弱等信息。通过分析这些信息,教师就会对教学对象,教学内容以及教学目的有一个更清楚的认识。在实际的教学中,教师就会努力创造使每个学生都有参与到教学过程中来的机会,激发起学生的学习兴趣,使学生积极主动地去学习。只有这样才能真正做到"以学生为中心",才能提高教学质量。

2.有利于因地制宜地开展英语教学。英语教学要想真正取得实效,做到因地制宜、因人制宜,就必须开展需求分析。只有充分了解了各方面包括学习者、教师和社会等对英语教学的需求,才能设计出适合本学校的科学的、个性化的英语教学大纲和实施方案,这样才能有效推动当前的英语教学改革。

3.是英语教学设计过程的基础。需求分析的结果是提供尽可能准确的"差距"资料和数据,以构成教学设计项目的整体目标,该目标正好是指导教学设计继续进行包括内容分析、目标编写、策略制订、效果评价等一系列步骤的重要依据。因此,需求分析特别是学习需求分析的结果,对英语教学设计后续各步骤

工作方向、成败起着至关重要的作用。

需求分析的结果,不仅可以论证教学设计的必要性、可能性,还能使教师、学生以及相关教育工作者集中精力解决教学中的重要问题,从而提高教学质量。

4.有利于确定英语教学的重点和难点。我们都知道,课堂教学过程的目的在于实现教学目标。确定教学重点、难点的目的是为了进一步明确教学目标,以便教学过程中突出重点,突破难点,从而实现教学目标。因此,目标具有多样性的特点,这也决定了教学重点、难点是多种多样的。当我们把英语教学目标从认知向非认知扩展的时候,也需要重点和难点的相应扩展,当我们把教学重心从认知向非认知转移的时候,也需要重点和难点的转移。[①]而需求分析在确定教学重点和难点中显得尤为重要。根据教学实践发现中国学生难于掌握英语听力、口语、阅读理解等方面,因此这几个方面将作为教学中的重点和难点。

5.有助于解决英语教学中新出现的问题。需求分析尤其是学习需求分析有助于发现英语教学中需要解决的新课题或新出现问题。通过需求分析,我们可以发现其产生的原因,从而运用创新性方法,做出新的决策。例如,随着科学技术的发展和现代工业的发展,新学科不断涌现出来,出现了传统学科课程体系的整合和重建等。再如,自从我国加入WTO之后,大学国际化问题和双语教学的问题就随之产生了。这些新出现的问题都需要借助需求分析来解决。通过需求分析,找出学习者的学习现状与教学新目标的差距,并分析差距产生的原因,以便针对性地解决教学中的创新问题。

此外,需求分析对英语教师改进教学方法也发挥着十分重要的作用。以需求分析的结果为基础,有助于英语教师提高教学的针对性,从而改进教学方法,提高教学效果。

[①]王利梅.试论需求分析与英语教学[J].上海工程技术大学教育研究,2008(8):38.

第四节 现代英语教学的原则

一、兴趣性原则

兴趣是最好的老师,教师应该重视兴趣的巨大作用,在英语教学中采取一切可用的方法来努力调动学生的情感内因,激发学生对英语学习的强烈愿望,使他们喜欢学、乐于学,以获得更好的教学效果和学习效果。

英语教师在调动学生学习兴趣时,可从以下几个方面入手。

1.充分尊重学生的主体性。教育是一种主动的过程,教师必须清楚地认识到英语课堂的主体是学生。只有通过学生积极主动的尝试与创造,教学活动才能达到预期的效果,学生也才能获得认知和语言能力的发展。因此,教师要从学生的心理和生理特点出发,遵循语言学习规律,采用多种教学方式,培养学生兴趣,让学生通过体验和实践进行学习,形成语感和提高交流能力的目的。

2.改变强调死记硬背、机械操练的教学方式以及传统的英语测试方式。英语学习当然需要一定的死记硬背和机械操练的活动,但是如果机械性操练太多太滥则很容易导致课堂教学的死板与乏味,从而使学生失去或者降低学习英语的兴趣。为此,教授应该科学设计教学过程,以学生感兴趣的方式帮助学生获取知识,加速知识的内化过程,使他们能够在听、说、读、写等语言交际实践中灵活运用语言知识,变语言知识为英语交际的工具。这样,不仅学生可以获得交际能力,他们的综合素质也会得到相应的提高,学生的学习兴趣自然会得到巩固与加强。另外,教师对学生进行评价时,应重视学生的态度、参与的积极性、努力的程度、交流的能力以及合作的精神等。

3.对教材进行深度挖掘。教师在备课过程中,应认真地研究教材,挖掘教材中学生感兴趣的内容与话题,使每节课都有让学生感兴趣的内容和活动,以最大限度地调动学生的积极性。例如,英语课堂教学可以尽量把日常生活中的交际形式搬上课堂,如日常生活里常见的交际形式问候、打招呼,对人、物、画面的介绍等这些形式搬到课堂上,为学生在日常生活中使用课堂上所学的英语创造条件。在外语练习里都可以采用,生活里常见的交际形式在课堂上做惯了,学生用英语进行交际的能力就会逐渐提高。

4.增强师生交流。教学是师生互动的过程,课堂上的知识传授和技能培养总是伴随着学生的情绪进行的。好的情绪转到学习中就会变为一种兴趣和动力。另外,一个学生对某一门课程的喜欢与否,往往取决于他对于该授课老师的态度。所以,教师在严格要求学生的同时,要努力创造一种和谐的学习氛围,通过一个眼神、一个手势、一个微笑、一句赞许的话去影响学生。教师还可以通过各种形式真心地与学生进行交流,与学生交朋友,赢得学生的尊重与喜欢,从而使学生愿意向教师倾诉,与教师交流。在良好的师生关系中,教师对学生的进步给予及时的鼓励与表扬,不仅可以培养学生的自信心和成就感,还能有效调动学生的学习兴趣。

二、学生中心原则

以学生为中心的理论来源于美国教育学家杜威(Dewey)的"儿童中心论"。杜威认为,尊重人类自由的天性,遵循教育的自然规律对儿童的发展具有重要作用。以学生为中心要求教师的心里要时刻装着学生,把教师的教建立在学生的学之上,教学的一切工作围绕学生的学习进行。在备课、教课、批改学生的作业时,教师都要考虑学生的心理和需要,分析学生掌握的情况,安排和调整自己的教学策略和步骤以适应学生的需要。只有以学生为中心,才能让学生明确学习意义、学习内容和学习目标,才能使学生看到奋斗的目标,使学生看到已经取得的成就,使学生在学习里既看到奔头,又有学习的信心,这样才能在学习的道路上勇往直前。在具体的教学活动中,教师主要应从以下三个方面做到以学生为中心。

1.制订合理的教学方案。教学方案是教学活动的根本环节。教师需要根据学生的语言接受水平和语言运用能力来制订合理的英语教学目标、教学任务、教学计划、评定方法等方案。

2.认真分析教材、认真备课。教师在对教材进行分析时,应对教学内容进行充分的理解和把握,根据学生所处的不同阶段的实际情况与自己学生的学习能力来调整教学目标和教学任务,根据学生的需要对教材内容和活动进行最优化处理,使教材与学生的经验建立起联系,把教材内容变成问题的链接和师生对话的中介,使教材实现为取得教学效果所用的目的。

教师的备课也要考虑到学生的实际情况。在教学活动设计中,教师可以根据座谈、课堂提问、作业、测试等多种手段从学生的实际情况的反馈或教学过程中的反馈了解学生目前的学习状况;另外,教师应根据学生的学习水平、接受能力、学习方法、学习风格和学习态度等来设计和调整教学活动。在备课中要发散思维,善于换位思考,并具有对教学活动的预测能力,这样才能有效地达到教学目标。总之,教师的教学准备及教学活动设计都要从学生的角度出发,让绝大多数的学生参与进来,努力让学生成为课堂教学活动的主体。

3.使用合适的教学方法和手段。实施学生中心原则,要求教师要根据学生的特点,灵活选用教学方法和手段。直观的教学方法有助于学生直接感受和理解语言,通过视、听、说加深印象,强化记忆,激发学生参与的兴趣。形象化教学手段可以适应学生的直觉思维特征,选择能激发学生学习兴趣和好奇心的媒体,如幻灯、投影、模型、录音、图片等,使他们能出于个人需求积极主动地参与课堂学习,较自然地感知语言。此外,教师还要善于利用课堂空间设置场景,调动学生参与课堂活动的主观能动性。

需要注意的是,我们强调以学生为中心,并不是完全否定和排斥教师在教学过程中的重要作用。杜威认为,在以学生为中心的教学模式中,教师甚至发挥着比在传统教学中更为重要的作用,也需要付出更为艰辛的劳动。在以学生为中心的教学过程中,教师是教学的主导,其主要作用在于帮助学生加速学习进程。在学生遇到困难的时候,教师要及时给予帮助,使学生的困难得以及时解决;当学生面对困难不知所措时,教师要及时引导,使学生找到解决的办法;看到学生愿意接受学习任务且跃跃欲试时,教师应该给予学生更多锻炼的机会;看到学生的学习情绪不高时,教师要及时予以鼓励,提高学生的学习热情;学生在学习上取得成绩时,要及时提出更高的要求,使学生始终保有目标,不断努力。

由此可见,以学生为中心的教学模式即充分尊重和发挥学生学习的主体性,又不忽视教师的主导作用,是教师和学生通力协作的全新教学模式。

三、循序渐进原则

大学英语教学中的循序渐进原则包括以下三层含义。

1.学生在学习语言时应从口语开始,然后逐渐过渡到书面语。首先,英语包括口语和书面语两种形式,从语言发展的历史来看,先有口语后有书面语。因此,学生学习英语应从听说(口语)开始,逐渐过渡到读写;其次,口语词汇比较常用,句子结构简单,比书面语更容易学习,因而也容易激发学生的积极性与自信心。最后,通过口语的学习学生可以尽快地获得日常生活所需的交际技能,有利于学用结合,使教学生动活泼。因此,学生学习英语应从听说(口语)开始,逐渐过渡到读写。

2.听、说、读、写等语言技能的培养。应该首先侧重听说能力的培养,逐渐过渡到读写技能的培养。听说读写是英语的四项基本技能,应该全面发展,但是,由于中国的大部分学生缺少英语的语言环境,听便成了他们获取英语知识和纯正优美的语音语调的唯一途径。另外,听说教学还能使学生学到基本的词汇和基本的句子结构,从而为读写能力的培养奠定基础。因此,在英语学习的初级阶段,教师应加强"听、说"的教学,每节课都要尽可能地为学生创造良好的语言环境,让学生在充足的"听"的练习中学习英语,并通过师生之间和同学之间的语言交流,不断巩固、不断更正、灵活运用所学的英语知识。在培养听说能力的基础上,循序渐进地向"读、写"教学过渡。

3.英语能力的提高不是一次性完成的,而必须要循环往复,逐步深化,是一个螺旋式发展的过程,需要进行多次的循环。但这种循环不是单纯的重复,每一次重复都是以旧带新,从已知到未知,都在前一次学习的基础上在深度和难度上有所提高。因此,教学的各个部分以及前后课之间应该紧密联系,使得前面所教的内容为后面的内容拟订基础,而后面所教的内容也得复习前面所学的内容。换句话说,教师应该注意从学生已有的语言知识和已经熟悉的语言技能出发,讲授新知识,培养新的技能。

四、灵活性原则

灵活是兴趣之源,灵活性原则是兴趣原则的有力保障。尤其是作为生活必要组成部分的语言,是一个充满活力、不断发展的开放性系统。在英语有效教学中要遵循灵活性的原则,具体而言就是要在教学方法、学生学习和语言使用方面做到灵活多样,富有情趣。

1.教学的方法要有灵活性。一方面,英语教学包括语言知识和语言技能两个方面,语言知识包括语音、词汇、语法等内容,语言技能则包括听、说、读、写四个方面,其中又包括许多微技能,不同的内容具有不同的特点;另一方面,学习者的个体差异是千差万别的。因此,在英语教学过程中要结合教学内容、综合学生以及教师自身的特点,创造性地开展多种多样的教学活动,充分体现教学方法的多样性和创新性,使英语课堂新鲜有趣,从而激发学生学习英语的热情,培养学习的兴趣,挖掘学生的潜能。

2.学生的学习要有灵活性。学生学习的灵活性在很大程度上取决于教学方法的灵活性。教师应该帮助学生改变以往单纯地死记硬背的机械性学习方法,探索合乎英语语言学习规律和符合学生生理、心理特点的自主性学习模式,使学生能够自我导向、自我激励、自我监控。

3.语言的使用要有灵活性。学习语言的最终目的是交流沟通。英语作为一种交际工具,关键在于使用。教师要通过自身灵活的使用英语带动影响学生使用英语。在课堂教学中,教师应尽可能多地使用英语组织教学,如用英语讲解、用英语提问、用英语布置作业等,使学生感到他们所学的英语是活的语言。教师还可以通过具有灵活性的作业使学生灵活地使用英语,作业的布置应侧重实践能力,如可以让学生用磁带录制口头作业,让学生轮流进行值日报告,陈述、评议时事、新闻等。通过以上种种措施加强语言使用的灵活性。

五、真实性原则

学生学习的最终目的是为了交际,那么所学的教材内容自然要尽量遵循真实性原则。最初对于英语教学真实性问题的谈论实际上源于20世纪70年代。此后,学者们对真实性问题的探讨逐渐深入,从语言材料与教程的真实性拓展到了课堂活动、文化因素等层面。这里我们就综合各种观点,对如何对英语教学中的真实性进行探讨。

1.采用语用真实的教学内容。教学内容不仅包括课文教材,还包括例句、课内外训练材料和练习等所有供学生学习的材料。真实的教学材料可以让学生接触真实自然的语言,了解交际话语和背景文化,并能在课堂活动和社会交际之间建立联系,使学生领会到所学习的语言材料就是现实生活中可能发生的语言交际。因此,英语教师在开始教学前应从语用的角度认真分析课文,不仅分析课文语句的结构意义,更要着重把握语句的语用意义,了解语句使用的真实语境,研究语句中包含的情感、态度、语气、意图等,准确把握课文中所有语句的真实语用内涵,同时编写或者从已有的教学用书中选择语用真实的教学例句和课内外练习。这样就可以在教学前就指向语用教学,而且明确指向以培养运用英语的能力为目的的语用教学,从而保证学生能够获得语用真实的英语运用能力。

2.设计或组织语用真实的课堂教学活动。英语课堂教学是通过一系列的课堂教学活动来完成的。尤其是在中小学英语课堂教学活动中,呈现、讲解、例释、训练、巩固等课堂教学活动都要与语用能力培养密切相关。对学生语用能力的培养要贯穿于英语教学的全过程,融于语言学习其他各环节的学习和训练之中。在这些教学活动中,英语教师应基于语用真实的指导思想来设计和组织教学活动。在进行呈现和讲解时,不仅要呈现、讲解教学内容的真实语义,还要明确呈现、讲解教学内容的语境和言外之意。此外,释例环节中所有的例句不仅要语义真实,语境和语用意图也要真实。进行训练和巩固时不仅要进行真实语义的训练和巩固,更要关注如何在恰当的语境下表达恰当的语用意图。

3.努力做到学习环境的真实性。有种观点认为,课堂教学环境其本身就缺乏真实性,因为它不可能提供完全真实的社会交际场景。这种观点失之偏颇。众所周知,我国英语学生基数大,而且相当一部分学生都没有出国学习的机会,因此也就缺乏完全真实的语言学习环境。何况第二语言学习其本身就不可能与母语写的完全一样。可见,在我国学生学习英语主要是通过课堂教学进行的。但这不代表课堂教学活动无法培养出高水平的英语学生。实际上,教室本身就可以是一个真实的学习与交流场所,它能不能充分发挥应有的作用就在于教师是否能将课堂教学营造为有利于学生学习的环境。例如,教师可以充分开发课堂教学的潜力,结合学生的实际生活,设计各种学生感兴趣的活动,将枯燥的教师"一言堂"的教授转变为师生共同交流的、互相学习的场所。这样不仅可以鼓励学生积极参与,使学生提高因主动学习取得的成功而带来的自信心,还能引导学生融入各种角色,实现角色代入,为学生将来的真实交际打下坚实的基础。

4.编排语用真实的教学检测评估方案。对于教学来说,教学检测评估起着很大的反馈作用。通过设计编排语用真实的教学检测评估,可以发现学生的语用能力还存在哪些不足之处,从而调整改进教学,特别是对关于学生语用能力培养方面的教学,能起到更直接、快捷、有效地培养学生运用英语的能力的作用。教学检测评估题既要符合测试的基本原理,更要注重测试的运用能力;不仅要语义真实,更必须语用真实,否则就会误导教学,弱化学生运用英语能力的培养。语用真实会引导学生在学习中更自觉地去把握学习内容的真实语用内涵,从而进一步强化学生获得运用英语的能力的自我意识,而这必将促进学生更有效地获得运用英语的能力。

六、交际性原则

教师在教学过程中始终要牢记一点,学生学习英语的最终目的是以学习教材知识为依托,运用所学知识,实现用英语进行交际。因此,在教学过程中,教师要始终遵循交际性原则,以培养学生的交际能力为最终目的。也就是说,要培养学生能够运用所学的语言知识在不同的场合、对不同的对象进行有效的、得体的交际的能力。为贯彻这一原则,教师在教学过程中需要注意以下几个方面。

1.正确认识英语教学的性质。要想落实交际性目标的要求,教师首先需要认清英语教学的性质。英语教学是一种技能培养型的课程,在教学中,教、学、用三个方面构成一个有机的统一体,这三者之间是一种相辅相成的关系,其中"用"在这三个方面中处于核心地位。与学习游泳类似,使用英语进行交际的能力是在实际使用的过程中培养出来的,如果只有理论没有应用,就很难达到预期的目标。因此在教学中应该时刻给学生实践的机会,加强英语使用的力度。

2.将英语作为一种交际工具来教。英语是一种交际工具,英语教学的目的是培养学生使用这种交际工具的能力。使用交际工具的能力是在使用当中培养的,因此既要求教师将英语作为一种交际工具来教,也要求学生把英语作为交际工具来学,还要求教师和学生课上课下都将其作为交际工具来用。

教学活动要和以英语进行交际紧密地练习起来,力争做到英语课堂教学交际化。在英语教学中,教师或学生不是单纯地教或学英语知识,而是通过操练,培养或形成用英语进行交际的能力。教师要尽量利用教具,为学生创造适当的情景,协助学生进行以英语作为交际的真实的或逼真的演习。这样使学生不仅能学得有兴趣、有成效,而且能真正学到英语的用场,学了就会用。

例如,教师从开始教,就拿着轿车模型或图画,说 a car,要学生边听边看,几遍以后,学生就能把 a car 和轿车联系起来。然后要学生反复指着轿车说 a car,要说得滚瓜烂熟,直到看到轿车就能脱口而出地说 a car。即使是在走路时,一看到路上的轿车,学生也能不自觉说出:That is a car。学生用英语进行交际的能力就是这样一点一滴、由小到大逐步培养起来的。从学习英语的第一天起就这样做,教师和学生都不会有太大的困难;其后一直坚持下去,循序渐进,到了高年级,教到比较复杂的故事课文时,教师利用连环画或其他手段一段一段地教下去,通过反复的口、笔头训练,也不难使学生在课堂上用英语叙述故事的梗概,而且回到家也可以用英语把故事讲给家里懂英语的人听。

3.在教学中灵活创设交际情景。在传统的英语教学中,很多教师只偏重语法结构的正确性,学生通过这种教学并不能具备良好的英语交际能力。要想让学生具备使用英语进行交际的能力,也就是说能够在适当的地点、适当的时间,以适当的方式,向适当的人,讲适当的话,就应在英语教学中创设情景,开展多种形式的交际活动,以此来提高学生英语语言应用的能力。我们知道,利用语言进行的交际总是发生在特定的情景之中。情景包括时间、地点、参与者、交际方式、谈论的题目等要素,在某一特定的情景中,某些因素,如讲话者所处的时间、地点以及本人的身份等都制约他说话的内容、语气等。而且,在不同的情景中,同样的一句话也可以表达不同的意义和功能。例如"Can you tell me the time?"这句话可能表示的意思就有两种:一是向别人询问时间,是一种请求的语气;二是可能表示对他人迟到的一种责备。因此,在英语教学中,要把教学的内容置于一种有意义的情景之中,这样才有可能让学生充分理解每一句话所表达的意思。

在一定的情景之中进行英语教学,还可以使学生身临其境,提高学习英语的兴趣。因此,教师在教学过程中要充分结合教材内容,利用各种现有的教具,开展各种情景的交际活动,这样对学生和教学都会产生有利的影响,收到不错的教学效果。此外,教师也可以设计任务型活动,让学生通过完成特定的任务来获得和积累相应的学习知识与经验,需要注意的是,这些活动需要具有交际的性质,才利于交际目标的完成。

七、发展性原则

现代社会提倡终身学习,因此英语教学也应遵循可持续发展的发展性原则,即要教会学生自学,帮助学生掌握正确的学习策略。

学习策略是指学生为了有效地学习和发展而采取的各种行动和步骤。英语学习的策略包括以下四种。

1.认知策略是指学生为了完成具体学习任务而采取的步骤和方法。

2.调控策略是指学生对学习进行计划、实施、反思、评价和调整的策略。

3.交际策略是学生为了争取更多的交际机会、维持交际以及提高效果而采取得各种策略。

4.资源策略是学生合理并有效利用多媒体进行学习和运用英语的策略。

学生的学习成绩受多方面的影响，如学生的心理特点，健康状况，学习基础，学习动机、学习策略，教师的水平，学习的环境，社会、集体的影响，以及家长的影响等。在这些影响因素中，学习策略占据着重要的地位。学生如果在学习的过程中采用了科学、正确的学习策略，便可以有效节省时间，并能避免走弯路，使得学习的效果更佳。因此，在英语教学中，教师应帮助学生形成适合自己的学习策略，培养他们不断调整自己学习策略的能力。在具体的英语课堂实施中，帮助学生有效地使用学习策略，有助于他们采用科学的途径来提高英语学习的效率，并有助于他们形成自主学习的能力，为以后的学习奠定坚实的基础。

八、巩固性原则

语言学习最大的特点就是遗忘，因此教师在教学过程中要不断加强学生对语言的巩固，即巩固学生在学习中已经学习过的英语知识和技能。具体来说，就是要求学生的外语基础知识牢固，能够熟练地运用英语进行交流和学习。每上一节课教师就应该让学生明白所讲的内容，即应该懂的是不是懂了，应该会的是不是会了，应该记住的是不是都记住了。学生不能不懂装懂，教师更不能不管学生能否接受而一味地讲授新知识，要在学生充分理解所学内容的基础上进行知识的深化和整合。贯彻巩固性原则要做到以下两个方面。

1.强调当堂巩固。学生在学习英语过程中遇到的最大问题就是遗忘，这种遗忘是从刚开始学习后立即就开始的，且在学习后的最初阶段遗忘速度最快。因此，对所学知识进行及时的巩固就非常重要。一般来说，在学习新的内容以后立即进行巩固，也就是进行多次的强化。在教学过程中要特别强调立即巩固，即学完一个新知识点就要马上进行巩固，这样就会记得比较牢固。如果一味地学习而没有进行当场的巩固，学生就很容易忘记，无法取得良好的学习效果。

例如，在教授单词的用法时，这个单词可能表示几种意思，教师围绕词义要示范地举一些例句，举例后可领读例句，然后请学生参照教师的范例造句。一方面，可以检查学生是否已经理解、会用；另一方面，也有利于进行当场巩固。此外，还可以采用教师读例句，请学生译成中文，或教师说中文例句，要求学生译成英语，或利用这个单词进行问答练习。如果是刚刚讲授一课对话，可先由教师和学生进行示范对话，然后按小组进行群众性练习，最后再指定学生上讲台进行对话。这些当堂巩固的方法都能起到良好的效果。

2.组织经常性的复习。要想持续巩固已学过的知识,仅靠当堂巩固是不够的,还要进行经常性的复习,以便在头脑中形成长时记忆。在英语教学过程中,只有有计划地组织经常性的复习,才能够帮助学生熟练地掌握英语。组织复习时应注意以下几点。

(1)复习:在外语课上每一课时都可以作为一个步骤来进行,起到一个承上启下的作用。

(2)在教学的各个步骤或各种练习中:都应该注意新旧材料的联系,这样既是在学习新知识,同时也是在复习旧知识,这也体现了复习。

(3)组织定期的阶段性复习:如果平时不注意复习,只到期末进行总复习,时间就显得比较紧,前面学过的知识也容易被遗忘。因此,在拟订学期教学日历时就要加以注意。每学期可以安排若干次的阶段复习,并且要进行测验以达到监督学生学习和检测学生学习效果的目的。

总之,巩固性原则的贯彻实施能够减缓学生对知识的遗忘速度,帮助学生在最短的时间内记忆最多的知识点,达到事半功倍的效果。此外,巩固性原则还要求教师在进行教学计划时考虑到阶段复习在英语教学过程中的重要性。教师要协调好各项教学任务所占比例,尽量做到松紧适度。

九、关注情感原则

英语教学离不开情感教育的支持。心理学研究表明,人的一切活动都伴随着一种情感体验,而情感体验反过来对人的活动也有一定的支配作用。若能引起愉快的情感体验,就会发生积极地摹仿和反复进行的趋势,而不愉快的情感体验,就会引起人的行为停滞或改变的趋势。情感原则要求教师要真正热爱英语教学工作,真正热爱自己的学生,并在此基础上运用心理学的理论和方法,有意识地激发和调动学生学习英语的积极情感因素,增强学生学习的自信心、主动性和目的性,提高英语教学效果,从而实现教学中的师生共同参与并和谐发展,促进学生整体素质的提高。①在教学过程中关注情感要求教师要做到以下两点。

(一)创设轻松愉悦的学习气氛

1.建立相互尊重、相互理解、相互信赖的新型师生关系。教师应该做到仪

---

①陶怀秋.英语教学中离不开情感教育[J].科学咨询旬刊,2012(1):124.

表大方、笑容可掬、和蔼可亲、保持在学生中的崇高威望。教师是学习的指导者又是生活上的朋友。教师要及时了解学生遇到的挫折,帮助其总结经验教训克服困难。帮助他们树立学习的信心。作为生活上的朋友,教师要时刻注意学生的思想动态、家庭情况。

2.营造激发学生学习动机和兴趣的轻松愉悦的学习氛围。兴趣是学习活动中最直接、最活跃的推动力。学生的学习兴趣不仅能转化为稳定的学习动力,而且还能促进学生智能的发展,启迪学生智慧和开发学生潜能,达到提高学习效果的目的。教师在教学过程中要注意培养学生学习英语的持久兴趣,把培养学生的兴趣、态度和自信心放在英语教学的首要地位,从而有效地促进学生身心健康全面的发展。

动机是英语教学的关键。不论是听、说、读和写等能力的培养还是英语知识的教学,如果不能激发学生的学习动机,教学就不可能达到预期的效果。创设情景是激发学习动机的一个重要因素。没有特定的社会情景,就没有语言的交际活动。

(二) 培养学生积极的情感态度

陈琳、王蔷、程晓堂等对如何在英语教学中培养和发展积极的情感提出了以下几条建议。

1.结合学习内容讨论情感问题。在日常的英语课堂教学中,教师要注意融入积极的情感态度的培养,针对学生学习过程中出现的具体问题进行具有针对性的引导,帮助学生解决情感态度方面的问题。

2.<u>建立情感态度的沟通渠道</u>。情感态度的沟通和交流渠道可以通过教师在课堂教学中建立起来,例如建立融洽、民主、团结、相互尊重的课堂氛围等。有些情感态度可以集体讨论,有些问题则需要师生之间进行有针对性的单独探讨。但在沟通和讨论过程中,教师要注意尊重学生的感受,避免伤害学生的自尊心。同时,情感具有外在和内在的表现,教师要仔细观察,了解学生的情感态度,以培养学生积极的情感,消除消极的情感。

十、正确利用母语原则

就我国多数学生而言,母语即汉语。学生学英语之前所掌握的唯一语言是母语,他们用母语思想,用母语进行交际。母语的习惯已经根深蒂固,无时无刻不在对英语的学习和使用产生着影响。而对于英语教学而言,母语必然会起到迁移性的影响。迁移性影响有正负两个方面,如果利用正确,将会对英语教学产生正迁移,促进英语的学习,保证教学的效果。教师要遵循正确运用母语的原则应注意以下两点。

(一) 适当用母语进行解释

英语学习是在母语习得后进行的学习活动。在英语学习之前,学生已能用母语进行交际,他们的时间、地点以及空间等概念已经形成,学习者已学会了用母语来表达这些概念。这时,用一种新的语言来构建概念就会比较难,而借助母语已建立起来的概念,教师只需要教会学习者一种新的符号表达形式,就可以使学习者较快和较好地掌握某些概念。因此,适当地使用本族语进行解释能起到清楚、明了和加深印象的效果。例如,在教单词 excuse,science 和 business 时,可以用中文对其意思进行解释:excuse 意思是借口,science 意思是自然科学,business 意思是商务或商业。而如果我们用英语对 excuse、science 和 business 进行详细的解释,这不仅会花费教学中有限的时间,而且也不一定能解释清楚这些词。当然,虽然不同的语言之间存在着差异,某些概念在不同语言之间也会存在着差异,但无论如何,母语的适当使用都会起到画龙点睛、突出差异的效果。例如,有的参考书中说 festival 可用 red letter day 来解释,但对 red letter day 用红字标明的、值得纪念的日子这个概念对于不同国家、不同民族来说,其理解和认识方面是存在着差异的,如在中国,春节是节日,而在英国却不是 red letter day。因此,我们用汉语对 festival 进行简单的解释,能让学生更好、更快地对该词的意义有一个正确的理解与掌握。

此外,适当地使用本族语进行英语教学,还可以使学生更容易理解英语某些结构和规则的特点,能更好地理解教师安排、布置的教学活动的具体做法。而对英语结构和规则的正确理解有利于学生对其进行掌握和运用。同时,透彻地理解教师的指示也能充分利用上课的时间进行英语实践,提高英语教学效果。例如,在教授现在完成时的时候,教师可以使用汉语对过去时和现在完成时的用法进行简单的讲述:一般过去时是用于描述过去的动作,现在完成时表示某一过去动作对现在的影响。从这个解释中,我们看到现在完成时所表示的也是过去的动作,但它侧重于该动作对现在的影响。如"I lost my watch."表示的是过去的动作,但"I have lost my watch."这句话则包含有"I lost my watch."和"I have no watch now."的双重意思。这样的解释,花的时间不多,使用汉语解释的句子也不多,但学生已能清楚地了解完成时的用法特点。

(二) 通过母语与英语的比较帮助学生理解

本族语的适当使用利于本族语与英语的比较,帮助学习者更好地对两种语言各自的特点进行理解,从而排除在英语学习过程中出现的本国语干扰。学习英语是个相当复杂的过程。在这一过程中,学习者很可能会因本族语系统的影响时而犯错误。如果能在适当的场合,结合英语学习的内容,对于英、汉两种语言在某一结构、某一用法上的差异和特点用本族语进行简单讲授,学习者通过比较将会了解并明确英、汉两种语言在使用上需要注意的问题,那么他们在使用英语进行交际时,就会对本族语系统经常造成英语使用中的错误进行刻意的避免,从而提高英语使用的效果。

在进行英汉两种语言差异的比较时,教师可以适当使用语法翻译法。例如,在英语应用中,我们会经常看到学生写出了用英语形容词作谓语的句子,如 we very happy,这种句子产生的原因很可能是受汉语的影响所致,因为汉语的形容词可作谓语,如"我们很快乐。"但英语的形容词在句子中却不能单独作谓语,英语形容词要与动词 be 结合才能作谓语。因此,在讲授英语形容词作表语时,可以把英文句子译成汉语,通过这种方式,学生能够很容易且直观地看到英、汉形容词在句法功能方面的差别,避免把汉语形容词的使用规则迁移到英语形容词的用法方面去,否则会造成消极的影响。

第二章 现代英语教学理论与发展改革研究

随着英语教学在我国的发展,我国的英语教育事业取得了很大的成就。但是教学工作是和时代紧密结合的,英语教学的目的是为社会输送大量符合时代发展的英语人才,这就要求英语教学工作要不断发展。现阶段我国的英语教学工作正在不断进行转型与改革,这是时代发展的必然,同时也是优化我国教学工作、培养高素质英语人才的需要。下面从现代英语教学改革和发展的角度对其进行分析。

第一节 英语教学基础理论

教育学以人类社会所特有的教育现象为研究对象,它的任务就是通过对教育现象的研究来揭示教育的规律,并在揭示教育规律的基础上,阐明教育工作的一般原理和基本要求,进而确定教育工作正确而适当的内容、方法和组织形式等。英语教学作为一种教学活动,是整个教育体系的组成部分,因此,教育学理论与英语教学具有密切的关系,教育学的基本原理和原则具有普遍的指导意义,应该被广泛地应用到英语教学之中。另外,教育心理学对英语教学也有密切的关系,教育心理学是在教育教学情境中,关于教与学的基本心理规律的科学。它的目标在于研究教与学的过程的规律以及发展促进学与教的过程的方法。

一、比较语言学

比较语言学,又称历史比较语言学,起源于18和19世纪的欧洲,研究重点是印欧语系诸语言的语音系统。它是把有关各种语言放在一起加以共时比较或把同一种语言的历史发展的各个不同阶段进行历时比较,以找出它们之间在语音、词汇、语法上的对应关系和异同的一门学科。利用这门学科一方面可以研究相关语言之间结构上的亲缘关系,找出它们的共同母语,或者明白各种语言自身的特点对语言教学起到促进作用;另一方面可以找出语言发展、变化的轨迹和导致语言发展、变化的原因。19世纪它就广泛地应用于印欧语的语言研究中,取得了很大成就。

二、理论语言学

理论语言学是指对语言的科学研究,它担负着对人类语言进行描述、分析和解释的任务。内容包括语言的本质、构成、意义以及如何使用。分支主要包括语音学和音系学、词汇学、句法学和语义学。语言学可以使我们对语言具有科学的认识,因为不同的语言观将直接影响英语教学质量。桂诗春教授曾经讨论了三种不同的语言观及其对英语教学的影响。语言学理论可以有效的帮助我们正确、科学、全面地认识语言。语音学研究语音的物理属性、人类发音的方法、语言感知的生理过程,主要内容包括语音的发音机制、元音、辅音、语言的韵律特征等;音位学则研究一种语言有多少个不同的音,这些音彼此之间的区别和关系,主要内容包括音位和语音的区分特征;词汇学研究词的构成及变化规律;句法学研究句子的结构,语义学则研究词的意义以及同义、反义、上下义等语义关系。这些学科的研究成果都可以直接地应用于英语教学的实践之中。

三、社会语言学

社会语言学研究的是语言的社会本质和差别,以及它们的社会因素。社会语言学认为,语言的社会交际功能是语言的最本质功能。美国社会语言学家海姆斯(D.H.Hymes)认为,一个儿童是在社会化的过程中习得母语的,他不仅能按本族语的习惯说出符合语法的句子,而且还能在一定的场合和情境中恰当地使用语言形式。海姆斯于1966年提出"交际能力"理论。他认为,交际能力是运用语言进行社会交往的能力,既包括语言能力,也包括影响语言使用的社会文化意识言语能力;既包括言语行为的语法正确性,又包括言语行为的社交得体性。

四、应用语言学

在基础理论之上的是应用语言学的研究。应用语言学具有广义和狭义之分。广义的应用语言学指的是把语言学的知识应用于解决其他科学领域的各种问题,狭义的应用语言学则专门指语言教学,特别是第二语言的教学和英语教学。目前,谈到应用语言学,人们在绝大多数情况下是从狭义的角度来说的。应用语言学是语言理论和语言教学实践之间的一座桥梁,对英语和第二语言学习的研究构成了应用语言学的中心部分。比较分析和错误分析方面的理论对语言的教授和学习过程提供了许多有益的启示。有些比较分析通过母语和所学语言之间的比较来预测可能出现的难点。错误分析试图对学习者所犯的语言错误进行系统分析,从而知道该怎样改进教与学的方式。教学法研究也是应用语言学研究的一个重点,语法翻译法、直接教学法、听说教学法、情境教学法、功能教学法、交际教学法都在英语教学领域得到过广泛应用。近年来,应用语言学界又逐渐地从关注教学法的研究转移到关注学习者的个体差异方面,包括智力、语言学能(language aptitude)、人格特征(personality traits)、学习方式、学习策略、学习动机(motivation)、学习兴趣、家庭环境等。语言测试也是人们目前比较关注的问题,尤其是在应试教育盛行的情况下,人们开始意识到应该采用更有效的测试与评估手段,这些测试与评估手段对英语教学形成良性的反拨作用。英语测试根据其用途可分为多种类型:潜能测试用来预测语言学习的能力;诊断测试用来检查教学中的问题,看学生掌握了些什么,还有哪些没有掌握,而且还要提出补救的措施;成绩测试往往根据特定的教学大纲,来检查学生对所教内容掌握了多少;水平测试用来评估学生总的语言能力,以便知道他能否胜任某一工作,至于考生什么时候或怎样学的这门语言则不加考虑。试卷设计的方法、考试分数的计算以及试卷的评估都是应用语言学非常关注的问题。现在人们又开始注意形成性评价在英语教学中的应用,注意评价学生在学习过程中使用所学知识进行学习活动的情况,以便客观的反映学生的进步。

五、行为主义心理学

行为主义心理学是20世纪50年代在美国兴起的一种心理学思潮,其主要代表人物是华生(J.B.Watson)和斯金纳(B.F.Skinner)。他们认为学习是刺激与反映之间的联结,他们的基本假设是:行为是学习者对环境刺激所做出的反映。

他们把环境看成刺激,把伴随而来的有机体行为看作反映,认为所有行为都是习得的。在学习理论中,行为主义起到了重要的作用,尤其是巴甫洛夫的经典条件反射和斯金纳的操作条件反射理论在人类的学习中应用甚广。

这里说说斯金纳的操作条件反射理论。小孩发生一个反映,如果这个反映得到强化,他就会得以保存。例如,如果小孩说"I want milk",父母给了他牛奶,他的话语得到强化,经过重复,小孩就习得了"I want milk"。所以在学习过程中,当给予学习者一定的教学信息——"刺激"后,学习者可能会产生许多种反映,在这些反映中,只有与教学信息相关的反映才是操作性反映。在学习者做出了操作性反映后,要及时给予强化,如学生答对时告诉他"好"或"正确",答错时告诉他"不对"或"错了",这样在下次出现同样刺激时做出错误反映的可能性就会大为减少,从而促进学习者在教学信息与自身反映之间形成联结,完成对教学信息的学习。

六、人本主义心理学

人本主义心理学是20世纪50至60年代在美国兴起的一种心理学思潮,其主要代表人物是马斯洛(A.Maslow)和罗杰斯(C.R.Rodgers)。人本主义心理学认为,人不仅是思维的存在,也是情感的存在。学习过程是以人的整体的心理活动为基础的认知活动和情意活动相统一的过程。认知因素和情意因素在学习过程中是同时发生、交互作用的,它们共同组成学生学习心理的两个不同方面,从不同角度对学习活动施与重大影响。如果没有认知因素的参与,学习任务不可能完成;同样,如果没有情意因素的参与,学习活动既不能发生也不能维持。人本主义重视的是教学过程而不是教学内容,重视的是教学方法而不是教学结果,强调教学的目标在于促进学习。教学中要以学生为中心,教师只是学习的促进者、协作者或者说话伙伴、朋友,学生才是学习的关键,学习的过程就是学习的目的之所在。

七、皮亚杰的发生认识论

发生认识论是皮亚杰(J.Piaget)根据以他为代表的日内瓦学派对儿童心理发展的研究和其他学科有关认识论的研究而提出的一种关于认识论的理论。它试图以认识的历史、社会根源以及认识所依据的概念和"运算"的心理起源为根据来解释认识,特别是解释科学认识。皮亚杰心理学的理论核心是"发生认识论",主要研究人类的认识(认知、智力、思维、心理的发生和结构)。他认为,人类的知识不管多么高深、复杂,都可以追溯到人的童年时期,甚至可以追溯到胚胎时期。所以儿童出生以后,认识是怎样形成的,智力思维是怎样发展的,它是受哪些因素所制约的,它的内在结构是什么,各种不同水平的智力、思维结构是如何先后出现的等都值得研究。

八、建构主义理论

建构主义学习理论是认知主义学习理论的再发展,从认识论的高度提示了认识的建构性原则,强调了认识的能动性。建构主义理论的主要代表人物存皮亚杰(J.Piaget)、科恩伯格(O.Kernberg)、斯滕伯格(R.J.Stemberg)、卡茨(D.Katz)。建构主义提倡在教师的指导下、以学习者为中心的学习,也就是说,既强调学习者的认知主体作用,又不忽视教师的指导作用。教师是意义建构的帮助者、促进者,而不是知识的传授者与灌输者。学生是信息加工的主体,是意义的主动建构者,而不是外部刺激的被动接受者和被灌输的对象。在20世纪80年代,建构主义以理论研究为主,缺乏实践可操作性。而到了20世纪90年代以后,迅速发展的多媒体和网络技术为建构主义理论学习环境提供了技术支持,使得建构主义学习理论教学设计思想得以实现。建构主义理论对学习提出了许多与传统教学不同的哲学观、学习观、教学观和课堂观。这些观点和思想由不同的学者提出,也散见于不同的著作、刊物和教学语言当中,既有原创的,又有拓展的;既有从哲学高度加以概括,又有从技术的层面延伸应用。如建构主义认为,每个人在形成自己的知识框架时,既可以是单独构建的,也可以是在同伴、经验或角色扮演等因素的影响下共同构建的;在传统学习与"亲身体验"学习的平衡中,促进了学习者包含着具体信念世界的抽象思想;亚里士多德关于"我们必须学会如何去实践,我们做中学"的思想,永远闪烁着指导人们如何学习的光芒。

九、乔姆斯基的语言学理论

乔姆斯基(N.Chomsky)研究的不是语言的运用,而是语言能力。他的转换生成语法就是关于语言能力的语法,这种语法理论的研究对象是"被理想化了的说话人和听话人的语言知识"。他认为语言理论的主要任务是向人们提供选择语法时要依据的标准。生成语法就是这样的语法理论,它的中心思想是:某一语言的语法应该生成所有的句子。他认为语言能力是说某种语言的人对这种语言的内在认识,而语言运用则是它具体使用语言的行动。在一般情况下,语言能力和语言运用并不是相符的,语言运用并非语言能力的直接反映。乔姆斯基说,他的语言理论与索绪尔的语言理论有一定联系,索绪尔是区别语言与言语的关系,而他是区别语言能力与语言运用的关系。他认为语言能力是一种创造过程,他特别强调了语言的创造性。

十、克拉申的第二语言习得理论

虽然第二语言习得研究(Second Language Acquisition)在20世纪60年代已有开展,但作为一个独立的学科是在20世纪70年代形成的。人们对母语习得的研究给第二语言习得的研究很多的思考与启发,事实上,母语习得研究中的不少方法和手段也运用于第二语言习得研究之中。第二语言(或英语)习得主要研究第二语言(或英语)习得的过程及在这过程中各个因素(如母语、语言输入等)的作用、学习者在学习中的差异和表现等问题。下面介绍的是美国学者克拉申(S.Krashen)的"监察模式"。虽然这个模式还有较多可争议之处,但毕竟它还是个较有影响的英语教学理论。该理论由五大假设构成,即习得—学习假设(The Acquisition-Learning Hypothesis)、自然顺序假设(The Natural Order Hypothesis)、监控假设(The Monitor Hypothesis)、输入假设(The Input Hypothesis)和情感过滤假设(The Affective Filter Hypothesis)。这些假设对重视语法结构学习的传统英语教学提出了强有力的挑战。

1.习得—学习假设。克拉申认为,成人二语习得者通过两种方式获得语言能力:习得和学习。这两种途径在本质上有所区别,区分二者的标准是学习者对语言规则运用的有意识程度,而不是语言环境。即前者是无意识的、潜移默化的过程;后者则是有意识的,通常依靠系统的课堂教学来完成对语言知识的掌握。此外,习得的知识存储于大脑左半球的语言区,它用于语言的自动加工,而关于学习知识的存储则观点不一,有的认为在右脑,有的认为在左脑语言中枢以外的地方,不一定在语言区。从语言应用角度来看。习得的知识是语言理解与语言表达产生的基础,而学习的知识只能起到监控的作用,即它只具有判断语言输入是否正确进行监控的价值。也就是说,通过习得,学习者可以获得语言知识和语言能力;通过学习,学习者只能获得有关语言规则的知识。

2.监控假设。监控假设与习得—学习假设密切相关,它体现了"语言习得"和"语言学习"的内在关系。根据这个假设,语言习得与语言学习的作用各不相同。语言习得系统,即潜意识语言知识,才是真正的语言能力。而语言学得系统,即有意识的语言知识,只是在第二语言运用时起监控或编辑作用。这种监控功能既可能在语言输出(说、写)前也可能在其后。

3.自然顺序假设。研究发现,正如第一语言习得一样,第二语言习得也揭示出一种可以预见的顺序习得语言规律。学习者对某些规则掌握的快慢并不仅仅由规则的简单或复杂决定。最简单的规则不一定是最先习得的规则。即使在第二语言教学的课堂上,同样存在这种自然顺序。无论是否接受正规课堂教学,英语学习者总是以一种大致相同的顺序来习得第二语言。如一般现在时中,第三人称单数要加-s,这个规则十分简单,但即便高水平的第二语言习得者在其语言产出中也往往无法正确地使用它。

4.输入假设。该假设认为,只有通过理解信息或者接受"可理解的输入"的方式才能习得语言。这种可理解性的语言输入应该略高于学习者目前的水平。如果以 i 代表我们现有的语言水平,i+1 代表新输入的内容,这些内容应该要高于学习者现有的语言水平但同时又使得学习者可以理解,只有这样学习者的习得才能够有所促进,我们的习得才能够达到更高一级水平。也就是说,语言输入既要超出学习者现有的语言水平,具有一定的挑战性,又不至于太难,让学习者不知所措。因此,学习目标的设定就十分关键。

5.情感过滤假设。感情过滤假设(The Affective Filter Hypothesis)力图说明其他感情因素对第二语言获得的影响。克拉申认为习得能够获得足够的语言摄入(intake),情感因素起着对输入进行过滤的作用。情感因素因人而异。学习的情感因素会阻碍或加速语言的习—得。影响这一系统的因素有动机、自我信心和紧张程度。只有在最佳情感条件下,才会产生真正的习得。他又认为这一系统可以影响学习者的速度,但不影响获得方向与路线。

克拉申的理论是第二语言习得理论中最为全面的理论,在第二语言教学界受到极大的重视与研讨,同时也带来很多批评意见。这些意见主要有三个方面:第一,"习得"(获得)与"学习"这两个概念的区分是按照"下意识"和"有意识",这两者均不能在实验中得到检验。而且他认为"习得"的知识不能跟"学习"的知识互相转换,更是受到广泛的质疑;第二,所谓"监控过程"有很多难以解释的问题;第三,"变量因素"对于解释语言应用的多变性方面还不能令人信服。

十一、斯温纳的"输出假设"

克拉申认为可理解的输入在第二语言习得中起着中心作用(central rote)，而斯温纳则认为输出在第二语言习得中有着显著的作用(a more prominent role)。斯温纳提出她的假设的依据是她进行的"浸泡式"(immersion)教学实验。浸泡式教学主要原则是将第二语言作为其他学科的工具(medium)，而语言获得则是理解这些学科信息及内容的"伴随产品"(by-product)，斯温纳在加拿大进行的浸泡实验表明：尽管她的学生通过几年浸泡，获得的语言输入不是有限的，但他们并没获得如本族语者那种语言的产生(productive)能力。她认为，造成这样的原因不是学生获得的语言输入有限，而是他们的语言输出活动不足。她认为她的学生没有给予足够的机会在课堂环境中使用语言。再者，他们没有在语言输出活动中受到"推动"(being pushed)。斯温纳认为语言输出活动不是如克拉申所说的那样，只是体现了习得的语言，而有着多方面的作用。

第二节 现代英语教学的改革

我国的大学英语教学虽然也取得了不少成绩，但是近年来，社会对于英语人才需求不断增加，对英语人才也提出了更高的要求。除此之外，大学英语教学的一些弊端也在不断凸显。为应对社会发展的需求，大学英语教学改革势在必行。[①]

一、大学英语教学存在的弊端

(一) 教学模式陈旧

郑树棠等指出，当前的大学英语教学依然以传授基础知识为主，而课堂中甚少涉及交际活动。经调查表明，大学英语教学中存在以下几个问题。

1. 传统的学习文化已经根深蒂固，教学观念以及思想十分陈旧。
2. 实际教学与教学目的背道而驰。
3. 教材以及教学内容等不符合社会发展与实际运用的需求。
4. 教学方法单一、陈旧。

[①] 郝青.浅谈现代英语教学改革与创新[J].信息教研周刊,2013(5):45.

5.学习方法机械、被动。

教学中一直以教师为中心的传统大学英语教学模式为主导,衡量教学效果的重要标准是教师备课是否认真、讲课内容是否丰富、讲课是否有条理等。害怕学生听不懂,教师就反复举例说明,讲解语法和词语等,为了让学生更加明白,有些教师甚至翻译课文,而不给学生留下思考和内化的时间。为了捕捉更多的课堂信息,学生只是一味地记笔记,被动地跟着教师的思路走,没有参与语言实践的机会,进而使得课堂氛围枯燥、单调,学生也只会用yes和no来回答问题。

可以看出,陈旧、传统的大学英语教学模式不但约束了学生的自由,限制了学生潜力的发挥,还阻碍了学生英语能力的提高,甚至阻碍了大学英语教学目标的顺利实现。

(二)忽视学生的主体地位

综上所述,大学英语传统教学多是沿用以教师为主体的原则,而甚少关注学生的主体地位,也很少给学生提供自主学习的空间,从而使学生成为知识的消极接受者。实际,英语学习的首要任务是"学"而不是"教"。科德(Corder)也曾说过:"有效的语言教学不应违背自然过程,而应适应自然过程;不应阻碍学习,而应有助于学习并促进学习;不能令学生去适应教师和教材,而应让教师和教材去适应学生。"这个"自然过程"就是让学生成为英语语言知识主动积极的接受者。

不同于其他学科,英语是一门实践性很强的课程,语言技能是需要学生自己不断实践才能获得和提高的,它的教学效果是以学生的学习效果为依据的,而学习效果在很大程度上取决于学生的主观能动性和参与性。因此,大学英语教学必须以学生为中心,充分尊重学生的主体地位。但这并不表明就要抹杀教师的作用,教师只是要从台前转到幕后,担负起组织者、管理者、鼓励者、合作者和解惑者的作用。

(三)应试教育倾向明显

大学英语传统教学模式主要是为了应对考试,属于典型的应试教育。而英语教育与素质教育的一个重要差别就是两者的"考试观"不同。考试本身具有两种功能,一种是评价功能;另一种是选拔功能。毫无疑问,在应试教育的影响下,考试的选拔功能是人们所看重的。在大学英语教学中,这一点集中体现在大学英语四、六级考试中,四、六级考试成了大学英语教学的指挥棒,人们用英语四、六级的通过率来判断学生的学习以及教师的教学水平。这使得大学英语四、六级考试的应试性特点更加明显。语言学习要多听、多说、多读、多写,尤其要多背。语法知识的学习固然重要,但对于外语学习而言,"语感"更加重要,语言的培养离不开背诵。而做选择题是英语四、六级考试的标准化测试方式,因此学生就将大量时间花在做模拟题上,较少参与课堂讨论和交流,过度依赖教师的讲解,缺乏自主思考的能力,交际能力较差。

(四) 与中小学英语教学脱节

在现在的英语教学中,与中小学英语教学脱节成为了导致大学英语教学费时低效的因素之一。现在很多城市和发达地区在小学就开设了英语课程,即使在落后的农村地区,在初中一年级也开始学习英语。当这些学生进入大学时,他们已经学习了多年的英语,具备了一定基础知识和英语能力,大学阶段应是他们应用英语和提高英语的阶段,也就是说,他们有大量的语法知识和词汇基础做后盾。大学英语教学应将大部分时间用于学生运用语言能力的培养上,不需再把大量的时间花费在基础语言知识的讲解和练习上,但事实却并非如此。目前,很多大学英语教学大纲的制订与中学英语教学大纲的制订缺乏系统性,各阶段教学目的、要求脱节,进而导致教学内容重复,且分配也极不合理。

受传统英语教学工作的影响,我国的英语教学工作重视对学生应试能力的培养,而忽视了语言的实际应用。鉴于此,相关教育部门开始进行英语教学的改革工作。下面对改革的内容进行具体分析。

二、教学内容的改革

(一) 改革教学内容的必要

受传统英语教学的影响,我国对英语人才的培养过分注重语言表达形式的教学而忽视语言表达功能的教学。也就是说,英语教学只注重语音、单词、语法的学习,师生都过分重视形式,教师大多是逐词逐句讲解词语句子的含义,着重讲解词法、句法、语法,而学生在课堂上的主要任务就是听教师讲课、记笔记,在这过程中教师和学生都忽略了语言的实践活动。因此,在这种教学方法的影响下,学生的英语学习提高的只是其"语法能力",而不是其"应用能力"。这在很大程度上限制了学生语言能力的发展。

众所周知,英语教学的目的是进行语言的应用,而不仅仅是阅读,更不仅仅是掌握单词的意义、明白语法规则,如果不能用英语进行交流,学习英语就失去了意义。要培养学生的英语综合应用能力,就需要在教学内容上进行改革,增加课堂上的语言实践活动,让学生有开口说英语的实践机会,也只有在实践中不断锻炼,学生才能真正提高英语的应用能力,才能够学以致用,达到英语教学的目的,因此改革英语教学的内容十分有必要。

(二) 改革教学内容的基础

对于英语教学内容的改革不能毫无根据,其需要一定的理论作为改革的基础与前提。下面对这些理论进行总结与分析。

1.建构主义学习理论。建构主义学习理论指出,学习不是一种被动的"复制"活动,而是学习者认知结构的主动建立、重组、改造和发展。建构主义学习理论主张教师应该了解学生的想法,了解学生对所教授内容的反应,训练学生建构重要概念和原则的技能,并为学生提供意义建构的帮助。也就是说,教师应该在教学中帮助学生深刻理解当前学习内容所反映的事物的性质、规律以及该事物与其他事物之间的内在联系,从而帮助学生建构意义。然而,现行的英语课堂教学内容只是向学生传授彼此孤立的语言知识,并没有科学系统地反映英语语言的内在规律以及语言要素之间的内在联系,使学生很难建立起自己的认知结构。因此,利用建构主义理论对英语教学内容进行优化成为了英语教学改革的重要手段。

2.认知理论。认知研究从心理学中发展分化出来,深入系统地揭示了人类认知世界、掌握知识的过程。从认知的角度来看,英语的学习既包括词语、词组和句子的积累方法,又包括概念和规则的辨别方法,解读英语和表达英语的方法和技巧;英语学习的过程,既是学习陈述性知识的过程,又是学习程序性知识的过程,更是从陈述性知识向程序性知识的转化过程。

在英语教学中,由于认知主体即学习者在知识结构、理解力和记忆力上的不同,即使是对同样的认知客体即英语语言,也必须采取不同的认知策略和学习策略。认知理论认为,对以命题形式贮存于记忆中的语言信息进行加工的认知过程是人类知识的基本存在形式。命题由两个或两个以上的概念组成,一个句子可以包含几个命题,构成命题网络,将事件信息储存在人的记忆之中。人们说话时的句子表达,就是对记忆中已有的命题进行组合;人们对别人的话的理解,是分析所听句中的命题及命题间的关系。储存在记忆中的是命题,不是句子,所以表达时用的可能不是原句。语言表达和思维方式、母语知识以及认知风格、认知策略之间的相互关系并非传统语法所能揭示的,因此现行的以语法为中心的英语课堂教学内容难以实现教学改革的目标,培养学生的英语综合应用能力,将认知理论作为英语教学改革的基础是时代发展与英语学习的需要。

(三) 改革教学内容的方法

英语教学改革需要科学的方法作为指导,下面分别对这些方法与步骤进行分析与总结,从而促进英语教学改革的推进。

1. 建构个性化的英语语言体系。英语教学改革的目的是改变传统教学方法对学生语言应用能力的限制,提高学生的语言使用能力。语言学习包括输入和输出两个方面,对于英语而言,包括听、说、读、写、译五种技能。而对于大多数中国学生来说英语阅读就是翻译,或者说英语翻译是英语阅读理解的一种外化形式。这五种技能关系密切,相辅相成。支配着这五种技能的是笼统而庞大的英语语言体系。

很多学者认为,研究和掌握英语语言体系应当是英语语言学家、语法学家或教师的任务。事实上,语言体系存在于每一个语言使用者中,对于某一具体语言,既有广义的语言体系,也有狭义的语言体系。而在日常交际活动中,交际的双方是以广义的语言体系为背景,采用个性化的语言来进行的。可以说,语言学习就是学习者构建个性化语言体系的过程。因此,英语教学应该以帮助学生构建其个性化的英语语言体系为主要内容。

语音、词汇、语法、文化、语境等要素共同构成了英语语言的有机体系。课堂教学科学、全面地揭示了语言体系要素及要素间的关系,学生在教师的指导和帮助下通过自主学习加以掌握;在听、说、读、写、译等语言实践中理解、体验和验证英语语言体系、体系各要素之间的有机联系,从而实现英语语言知识的内化,即真正掌握"组装和使用这些零部件的技能和方法"。

2. 建构个性化的英语语言体系具有可能性和可操作性。学生英语语言体系的建构带有一定的可能性和可操作性,这是英语教学改革推进的重要保证。目前的英语语言研究都脱离中国学生的学习实际。学习者很难通过独立的学习来构建英语语言体系,需要教师指导和帮助。基于计算机和校园网的大学英语教学改革将教师从繁重的教学课时中解放出来,从而有更多的时间休息调整、静心思考、外出进修,提高科研水平,进行创造性的研究。教师是英语教学的重要指导者,因此教师的作用需要被充分认可。

由于英汉两种语言在形成、使用、文化等因素的影响下,带有很大的差异性,因此需要对二者进行细致的分析。作为交际的工具,它们发挥着同样的功能;而作为学习的对象,它们既有语言的差异性,又有功能的相似性。若能将两种语言结合起来研究,找到它们的普遍规律性,把英汉两种语言的形式差异看成是语言发展的合理结果,将会提高母语习得和母语学习的经验和经历在外语学习中的利用价值,学生原有语言认知能力的合理发掘和自觉运用会大大缩短外语学习的时间,克服外语学习中的消极情绪,让外语学习变得轻松愉快。良好的学习态度是学习进步的保证,因此需要引起相关学者的关注。

运用认知心理学、功能语言学等现代语言教学理论的最新研究成果使教师可以在充分研究教学内容和教学对象的基础上,通过英汉语言的对比,重新归纳、整合英语语言规则;对教学目标进行分解,制作出详细的教学计划,将之细化成有机的英语语言知识体系,从而使学生根据教学细目认识自己现有的英语知识和具备的英语能力,帮助他们设计出个性化的指标体系。

个性化的英语语言体系的建构要基于对现代语言学诸学科最新研究成果的消化吸收,基于对教学内容的全面了解、系统分析和科学总结。教师要努力改进教学方法,充分发挥学生英语学习的主动性与创造性,将应试教育转为以培养学生语言应用能力为宗旨的素质教育。

传统的英语教学法就是教师将大量的时间、精力投入到分析和讲解句子结构、语法结构和词汇上,教师总以为给学生讲得越多,学生学到的就会越多。事实上,这种教学方法事倍功半,得不偿失。学生在课堂上没有更多的思考时间,只是不停地记笔记,之后照着所记的笔记死记硬背,学生得不到任何的语言实践机会,知识无法转化为能力。另外,在这种教学模式下的课堂气氛十分沉闷,很难引发学生的学习兴趣。因此,要想培养学生语言应用能力,必须以学生为主体,充分调动他们的积极性和创造性。

三、教学方法的改革

由于英语是我国的第二外语,因此学生英语学习的主要途径是课堂教学。这就对英语教师在课堂上的作用有所要求。在一定程度上,教师教学方法、教学态度直接决定了学生英语学习的水平。但是需要注意的是,教学方法是需要不断改进与提高的,下面对英语教学方法的改革进行分析。

(一) 改革教学方法的必要

教学方法一直是教学研究的重点,也是我国英语教学改革的关键环节。常见的英语教学方法包括语法翻译法、听说法、直接法、认知法、交际法、情景法等,这些教学方法都曾经对英语教学理论和实践的发展做出了巨大贡献。但是,这些教学方法往往是在一定历史条件下为达到当时的教学目的的产物,它们一方面从各个侧面充实和丰富了外语教学法体系的完整性;另一方面又过分强调了某个侧面,所以有其不完善之处。随着社会的不断进步与发展,社会对人才的需求也会不断变化,因此在不同时期教学理论也有所不同,教学方法也会有所变化。

传统的语法翻译法,由于过于重视书面语的掌握,忽视口语表达能力的培养,并把口语和书面语分离开来,使学生即使具备了较强的阅读和翻译能力,也还可能不具备起码的听、说的基本能力,给教学过程带来很大的障碍。因此,虽然语法翻译法在历史上曾经大大促进了外语教学的发展,但是随着时代的发展它已经无法满足社会的需求,必然会被其他的教学方法所取代。

随着国外一些新的教学方法的引入,我国英语教师的视野得到了拓宽,广大英语教师也积极投身到英语教学理论特别是教学方法的改革、研究和实践之中,使英语教学方法得到不断的完善。但是,随着教育事业的发展,不少英语教师认识到外国引进的教学方法并不适合我国的英语教学实际需要,英语教学法的研究和实践在某种程度上陷入了一些误区。因此,英语教师应该根据具体的教学情况,运用各种教学法中最有效最适用的部分,根据具体的英语教学需要,研究出适合本校、本班学生的教学方法。我国英语教学的改革强调以学生为本,重视突出学生的主体地位,这需要在教学中重视学生的个性,在采用教学方法时重视对学生兴趣的挖掘。因此,在教学改革中我们需要认真地研究有利于激发学生学习兴趣的教法。

(二) 改革教学方法的手段

改革英语教学方法需要教师进行多方面的努力,下面对英语教学方法改革的手段进行总结与分析。

1.以多样化的教学方法启发学生思维。每个学生在英语学习的过程中,形成了不同层面的英语水平,同时其学习特点和学习方式也有所差异,所以他们对不同的教学方法的适应程度和喜好程度也不一样。在英语课堂教学中教师要提高教学效果,必须能够吸引学生的注意力,使其全身心地投入到课堂学习中,为此,教师应该根据教材特点、教学内容、学生特点等,交替使用各种教学方法。多样的教学方法有利于活跃课堂气氛,有利于集中学生的注意力,还有利于从不同角度对学生的思维进行启发。这种多样化的教学方法和传统意义上的英语课堂教学有着很大的不同。

例如,当教师要讲解一篇关于圣诞节的课文时,教师就要摆脱照本宣科的古板的教学方法,因为绝大多数学生经过预习后都能够看懂课文。在讲解此课时,如果按照教材平铺直叙地讲解,极易使学生感到很乏味,从而造成学生注意力分散,甚至会使学生觉得教师讲课没有新的内容,不值得一听,从而对英语学习失去兴趣。为避免这种情况的发生,教师在教学过程中,可以先组织学生对中国的春节进行讨论,包括它的历史来源、节日期间的习俗及饮食等。然后,教师再在适当的时间引出西方圣诞节的话题,要求学生找出圣诞节的历史来源、节日习俗、节日饮食等,并要求学生讨论两个节日的异同,最后教师对中国春节和西方圣诞节的差异进行总结,并在总结的过程中讲授生词、词组、句子等,还可以利用多媒体展示西方人过圣诞节时的图片,或放映有关圣诞节的影片,也可以在课间休息时间为学生播放圣诞歌曲。这样,学生既可以感受到西方圣诞节的节日气氛,又能激发学生对西方文化的兴趣,从而激发学生学习英语的兴趣。教师还可以引导学生对中西方其他节日进行比较,在此过程中向学生讲解与其他中西方节日相关的英文单词、节日的祝福表达法等,并让学生用这些词、句子练习对话,锻炼学生的听说能力。在课堂结束时,还可以要求学生写一篇关于自己是怎么过节日的作文。这样,通过学生讨论、教师总结、展示图片、放映影片、对话练习等方法,课堂始终保持着非常活跃的气氛,这样学生在不知不觉中提高了学习的兴趣,锻炼了英语交际能力,锻炼了思维能力,收到了良好的教学效果。

在具体的英语教学过程中,教师要善于使用多种教学方法,如利用多媒体、直观教具、学具、辅助资料等。利用直观教具进行外语教学,不仅可以使外语教学过程变得生动、形象、直观,加深学生的印象,强化学生的记忆,而且容易引起和保持学生的学习兴趣,最大限度地调动学生的学习积极性。此外,在教学过程中,教师还可以用自己的眼神、手势、姿态给某些学生启示和暗示,兼顾不同学生的需要。在这样的教学手段的影响下,学生的积极性会得到很大的提高,因此课堂教学效果也会增加。

2.以课堂提问激发学生的积极主动性。英语学习的目的是为了进行语言实践,因此学习英语,需要大量的语言实践,才有可能掌握好英语语言知识,才能掌握运用英语进行交际的能力。在我国,学生生活于母语即汉语环境之中,在平时很少有机会使用英语进行交流。课堂教学成为学生使用英语进行交流的主要场所,而课堂提问是师生交流的主要方式,有效的课堂提问可以激发学生主动参与课堂教学活动的兴趣,提高学生对课堂教学活动的积极性。因此,英语教师要掌握好课堂提问的方法与技巧,有效地促进学生积极参与课堂教学,活跃课堂气氛,达到不断提高外语教学水平的目的。要利用好课堂提问来激发学生的主动性和积极性,教师要注意以下几个方面的问题。

(1)对学生出现的错误要正确对待:学习任何知识都需要经历一个过程中,在这个过程中难免会遇到各种各样的困难,从而产生错误。同样,学生在学习英语的过程中,也难免会出现一些错误。比如,教师在课堂上向学生提问时,学生难免会有不懂的问题,或者出现错误。对待学生的错误,不同的人有不同的看法。行为主义心理学主张有错必纠,以便形成正确的使用语言的动力定型;功能派心理学认为,学生在学习语言、使用语言进行交流的过程中犯错误是难免的,而且错误的出现正是语言学习由不完善向完善的过渡,对这种错误,只要不影响完整理解不必纠正。我们认为,学生在学习英语的过程中本来就担心自己因犯错而给别人留下不好的印象,如果教师再经常毫无顾忌地指出学生的错误,很容易使他们产生心理负担和压力,从而使学生因怕犯错误、被人笑话而不再敢开口讲,不再参与课堂活动,甚至会使学生感到英语课堂压抑和恐怖,对英语学习失去信心与兴趣。因此,在实际教学活动中,教师应避免过多纠正学生交际过程中出现的错误。在学生参与课堂活动时,教师对学生所犯的一些不影响交际和理解的错误,应采取宽容的态度。对于影响交际和理解的错误,教师应视具体情况加以纠正、引导。

(2)根据学生的学习特点因材施教:英语教学的对象是学生。教师要想采用有效的教学方法,提高教学效果,首先要对学生的情况有所了解。主要包括学生对英语知识的掌握情况,学生的英语水平、语言能力,学生在英语学习方面的优缺点以及学生的性格特点等等。只有充分了解学生在这些方面的特点,教师才能有根据地对学生进行提问,争取让每个学生都积极参与到每堂课中,让他们在轻松活跃的课堂气氛下学习。相反,如果教师对学生的情况十分模糊,那么就很容易使学生因无法回答出老师的问题而感到受到了冷落,从而失去学习英语的兴趣;或者由于不了解学生的英语水平,导致让英语水平较差的同学回答一些难度较大的问题,使其感到难堪,对英语学习失去信心和兴趣。因此,为了做到因材施教,教师应该对所教学生的特点有所了解。

(3)使用启发式教学法:调动学生学习的积极性。学生对课堂活动的积极性的高低很大程度上影响着其学习效果,更决定着英语课堂教学的质量。因此,要想保证英语教学的有效进行,必须要对学生的积极性进行激发。激发学生的积极主动性的一个有效方法是启发式教学。这种教学方法的关键是创造一种情景,诱发学生产生疑问,提出问题,激起学生积极的思维活动和求知欲,使学生参与到英语教学活动之中,从而培养学生思考问题和分析问题的能力。因此,作为教学主导者的教师不仅要考虑教的顺利进行,还要考虑学的效果。为了保持轻松和谐的课堂气氛,帮助学生掌握课堂教学的内容,激发学生的求知欲望,调动起学生的学习主动性和积极性,教师不仅要谨慎考虑各教学环节,尽量安排好课堂的各个步骤和细节,对所预计和估量教学活动的发展情况并对可能出现的各种问题做好比较充分的思想准备。

3. 提高课堂趣味性,激发学生的学习兴趣。心理学观念认为,兴趣是一种心理倾向,能使人经常趋于认识、掌握某种事物,力求参与某项活动,并且有积极情绪色彩。苏联教育学家赞可夫提出,教育法一旦接触学生的情绪和意志领域,触及学生的精神需要,这种教学法就能发挥高度有效的作用。

可见,趣味性是英语教学活动中的头等大事。呆板的教学方法不可能使学生对教学感兴趣,也不能产生良好的教学效果。因此,教师在教学中应该重视满足学生的精神需要,增加课堂的趣味性。实际上,一个优秀的英语教师应该使英语课堂教学丰富多彩、生动有趣,以激发学生对英语学习的兴趣,让学生始终保持主动积极并渴望学习英语。可以说,一个教师教学能力的高低,在很大程度上取决于他激发学生学习兴趣的能力。

在教学过程中,教师应自始至终地保持英语课堂的趣味性。多样化的教学方法和直观的教具都是调动学生积极性的有效手段。英语竞赛、游戏等对于激发学生的兴趣也起着非常重要的作用。

例如，教师在英语课堂上组织一些竞赛、游戏，不仅可以活跃课堂气氛，消除学生的疲劳，让学生有一种轻松感，而且可以增加学生学习英语的兴趣和信心。因此，教师在正常的教学过程中，应随时发现课文中有助于组织英语竞赛、游戏的材料。

四、教学场所的改革

传统意义上的英语教学主要为课堂教学，但是随着时代的发展，英语教学的场所也需要有所改变，从而适应多样化的英语使用环境。

(一) 利用网络教学的优势

随着多媒体技术的发展，网络逐渐成为了人们进行信息交流的重要途径。在英语教学过程中发挥网络的优势，成为了迎合市场发展的必要。

1.网络学习的时间比较灵活。网络环境下的教学不同于传统的学校课堂教学，网络环境下的学习时间较为灵活。如果学生学会了通过网络学习英语，那么英语学习就不再仅仅限于学校的课堂教学，时间也不仅仅限于每一节课的几十分钟。学生可以在课外、家中灵活地安排自己的学习时间，并通过网络向教师及时请教，或者向网络上的其他人请教。网络学习有助于培养学生的自主学习能力和良好的学习习惯。

另外，网络资源十分丰富，教师和学生都可以通过网络搜寻下载相关的英语教学和学习资料，丰富自己知识。

2.有利于增强师生的交互性。与传统的教学模式相比，网络教学的交互性更强。利用网络可以增强师生之间的交互，建立交互式的学习模式，充分体现学生的主导地位，突出以学生的学为中心的教学理念。交互式学习模式下，教师的主要任务是指导学生掌握获取知识的方法，使他们具备获取知识和自我更新知识的能力，培养学生的创造性思维和创新能力。

3.有利于学生的个性化学习。在英语学习的过程中利用网络进行教学，既有利于教师引导全体学生共同学习基础目标知识，完成基本的教学目标，又可以使学生通过教师指导的基本练习了解自己的学习情况，根据自己的英语水平、英语学习方法等实际情况选择适合自己的目标。

4.有利于培养学生的学习兴趣。网络可以为我们提供形式多样、丰富多彩的英语语言资料,教师就可以利用这一优势,引导学生通过网络查找各种有用的英语学习资料。例如,在进行英语阅读教学时,教师可以确定阅读主题并提供相应的网站或文章,让学生上网自主浏览并整理出相应的笔记,以供课堂上师生、生生之间的交流。由于每个学生都有自己感兴趣的事物,而网络资源丰富多样,因此学生很容易在查找资料的过程中发现自己感兴趣的话题,从而激发学生的学习兴趣,使学生养成网上阅读英语的习惯。一旦学生对网上的文章十分感兴趣,他们就会想办法读懂、弄懂文章。此外,学生通过上网浏览不同的文章还可以了解其他国家的文化背景,开阔眼界,增长知识,拓宽思路。

(二) 利用图书馆中的资源

近年来,随着大学教育的不断升温,高校图书馆事业发展迅速,管理员队伍素质明显提高,管理员队伍的学历结构、职称结构都得到了较大的改善。他们除了对图书馆内的事宜了如指掌外,还对英语知识、英语教学经验、心理学、教育学等知识有所掌握,为辅导学生的英语学习提供了可靠的保证。

随着现代技术的发展以及图书馆信息素质和科研能力的不断增强,数据库资源成为诸多图书馆引进、开发的重要资源。数据库载体具有多样化特点,有文字型、图像型、E-book(光盘型)、网络数据库等,为学生学习英语提供了多样化的资源。特别是存有大量的英语学习光盘的"多媒体光盘镜像数据库",使读者获取文献资源的形式从单机版提升到局域网版,实现了光盘资源的共享,使光盘的利用率得到了极大的提高。

学校图书馆除了拥有大量的数据库资源,还藏有大量的英语类图书及英语多媒体资源,包括与英语教学有关的大量资料,大量的英语课外读本,以及供学生自主选择的各种磁带、英语多媒体光盘和供学生下载用以学习英语的各种语言学习软件。学生可从校园网上下载英语四、六级考试学习软件,供考试复习用。

随着多媒体技术的引入,很多高校都在图书馆设置了多媒体网络教室,或英语学习视听教室等,以方便英语语言教学的进行。这些教室中的设备都很先进,可以充分调用有利于英语学习和教学的资源。

我国传统教学中设备都比较简陋,教师与学生可利用的资源十分有限,而现代的图书馆可以为我们提供各种文献资源、多媒体资源、网络数据库资源以及多媒体网络教室、英语学习专门视听室等,大大弥补了传统教室的缺陷。图书馆中的这些资源为英语教学提供了有力保障,将会大大提高英语教学的质量。

英语教师除了利用图书馆的文献资源和设备开展教学外,还可以与图书馆的管理员进行合作,由图书馆组织并邀请英语教师、英语预言专家到图书馆做一些英语专题讲座、举办各种学术讨论会、报告会等,还可以开展英语角、英语歌咏比赛、英语戏剧表演等活动,提高学生的学习兴趣,引导学生积极主动地学习英语。

五、考试形式的改革

在传统的英语教学过程中,考试是检测学生课堂学习效果的重要手段,但是随着教学改革的推进,对考试形式也需要进行相应的改革。

(一) 改革考试形式的必要

测试是英语教学中的重要环节,是检验学生学习效果和教师教学效果的必要手段。英语作为一门语言课,应通过听、说、读、写、译等五个环节来学习,才能够收到预期效果。因此,在对英语教学质量及学生学习效果进行考核时,也应综合测试学生听、说、读、写、译五方面知识和能力的掌握情况。

但是,目前我国的英语考试仍以笔试为主,通常一张试卷就考查了学生对英语知识的掌握情况,很少甚至没有其他形式的语言测试方式,可谓一锤定音。然而,这种仅凭一支笔、一张纸一次性判断出学生学习效果的方式,很难全面地了解学生的听、说、读、写、译的能力,更难以反馈学生真实的英语实际水平及能力。可见,单纯的笔试既不能实事求是地反映学生的学习状况,也不能对教师的英语教学起着积极的指导作用。同时,这种考试在某种程度上也挫伤了学生的学习热情,使学生对英语学习失去兴趣和信心。此外,这种考试也忽视了对学生听说能力的考查,而对英语而言,听说能力才是核心技能。

以我国大学英语四、六级考试为例。一直以来,我国学生的英语听力水平和口语水平的发展极不平衡。这主要是由于大学英语四、六级考试主要注重读、写、译能力的考核,大多数学生都是为了通过英语四、六级考试而将大多数精力放在了这三方面的学习上,另一方面,教师为了保证英语四、六级考试的通过率也仅注重这三个方面知识和技巧的传授。尽管近年来英语四、六级考试中增加了听力试题,也逐渐引入口语考试。但是,由于我国对英语听说能力教学的长期忽视,师生都认为要提高英语听说能力是事倍功半、付出大收益小的事,因此学生和教师仍然将精力放在对付笔试上。

英语语言学习的测试应主要侧重于学生的英语交际能力,即听、说、读、写、译等综合能力,如果仅用一次笔试来测定学生英语水平的高低,显然是有缺陷的。因此,这种考试方式对英语这个特殊学科来说有一定的局限性,应该加以改革。为更好地把握学生的英语语言领悟能力、英语语言理解程度、英语交际水平,教师应安排听力考试、英语口语考试和英语交流等方式来填补笔试考试的不足。

总而言之,只有科学、合理的考试形式才能完整全面地检测教师教学的科学性和学生的英语知识和交际能力。

(二)改革考试形式的目的

改革考试形式是时代发展对英语教学改革的要求,下面对其改革目的进行总结与分析。

1.反思教学问题。从课程结束时的评价和测试中所获得的信息,有利于对学生的学习情况进行评定,有利于教师对教学目标实现的情况有所明确,更有利于教师根据测试反思教学中存在的问题。因此,教师应根据测试结果总结教学成功的经验,反思教学中存在的问题,思考怎样调整教学方案、方法,使下一个学生群体的学习更成功,更好地实现教学目标。

2.指导教学设计的调整。英语教学改革特别强调英语教学要以学生为中心,从根本上说,就是关注学生是否达到了课程目标。然而,考试方式的改革也是为了促进学生的英语技能达到教学目标。

一般的考试都会在课程结束时进行。但是,一学期下来要等到课程结束时再考试,将无法发挥考试结果对教学的指导与促进作用,大大削弱了考试所反馈信息对英语教学可能产生的有益的影响。因此,我们应尝试对英语教学做阶段式测试,不仅要在课程结束时考试,更要在课程开始前、课程中进行考试。

在课程开始前进行测试,可以使教师对学生的整体英语水平状况及个体水平差异有所了解,明确学生的优势与弱点从而掌握学生的需要,进而设计出利于学生发展的教学目标。

在课程进行中进行测试,可以使教师及时看到学生的学习成果,及时发现学生的进步和存在的问题,从而促使教师根据反馈信息及时调整教学进度、教学方案。

3.更好地服务于课堂教学评价。改革英语考试形式的最终目的是让考试更好地服务于课堂教学评价。为了得到更准确的评价结果，不仅要调整考试形式，保证考试质量，而且要意识到教学评价既针对学生的学，又针对教师的教。一位优秀的英语教师应该认识到课堂教学评价结果是教与学的效果的反映，而不是将学生考试的好成绩归功于自己，将学生得出差成绩的责任推卸给学生。事实上，在考试、教材等条件完备时，考试结果的好坏不仅与学生的学习有关，而且与教师的教学有着紧密联系。教师只有认识到这一点，才能找出英语考试中存在问题的原因，最终找出解决办法。

有效的教学评价就是通过不断监控与调整教学，帮助教师做出恰当的教学决策，如根据学生个体或群体需要适时调整教学目标、教学内容、教学进度和教学策略等，以促进学生的语言学习。需要注意的是，课堂教学评价的目的并不是找到"最好的决策"，而是找出"最适合的决策"；进行教师评价时要清楚地认识到教学目标与实际教学状况之间的差距，教学决策需要把握"度"；教学评价还要具有计划性，这样才利于掌握评价历史及其发展、抓住评价时机；教师评价的方式应该多样、富于变化，以便能更真实地反映出学生学习和教师教学的情况。

4.促进学生探寻个性化的学习方法。如果英语考试的方式不够全面和科学，那么当学生取得不理想的成绩时，他们便会将这种考试结果归责于考试形式，而不是从自身找原因，从而失去了反思自我学习、探求适合自己的学习方法的机会，即使学生取得了不错的考试成绩，他们也会对自己的学习方法持怀疑态度。

而考试的形式得到改革后，那么它就会趋于合理化、科学化。这时学生再得到自己的好成绩时，就容易确信自己的学习方法是正确的、成功的，从而对学习充满信心，并能积极地去探寻更适合自己个性的学习方法。当考试结果不如意时，学生就很难归罪于考试形式，而是只能反思自己的学习方法、学习习惯等，探究自己的个性特点、学习特点等，从而探寻出适合自己个性的学习方法，培养出适合自己的学习习惯。如果教师适时给予指导，将可能激发学生的主动积极性，使他们更迅速地探寻到个性化的学习方法。

第三节 现代英语教学的发展

上述对现代英语教学的改革进行了总结与分析。我国英语教学在多方的共同努力下,取得了很大的成绩,但是其也需要结合时代发展背景,进行一定的发展。

一、分级教学

随着高等院校的不断扩招,越来越多的学生有机会进入高等院校继续深造。但进入高校的学生都来自不同的地区,由于受地区差异、城乡差异等客观因素的影响,各校之间及校内间学生的英语水平有着很大的差异,如果将水平相差较大的学生安排在同一班级,则教师很难根据学生的特点因材施教,而且基础较好的学生学不深,基础较差的学生跟不上。为了改变这种局面,就要进行分级教学。所谓分级教学,就是奔着因材施教、提高教学效率的原则,根据学生的实际水平和潜能,将学生划分为不同层次,然后确定不同的教学目标,制订不同的教学计划,开展不同的教学活动等。分级教学在充分了解学生语言能力、认知风格、学习动机、性格态度的基础上实施教学,能最大限度地节约教学资源,提高教学效果。

(一) 分级教学的原则

教学原则是教学中必须遵循的指导思想和基本要求,它贯穿于教学的各个过程中,对教学计划的制订、教材的选用、教学方法的确定、教学组织的形式等都有指导作用。针对大学英语教学来讲,循序渐进原则和因材施教原则是大学英语分级教学的具体运用,也是促使教学任务顺利完成的重要保证。

1.循序渐进原则。所谓循序渐进原则,是指教师在传授各个学科的基础知识时,既要按照各门学科知识体系的内在规律和顺序进行系统的教学,又要采取适合不同年龄阶段学生的形式进行教学。实际上,学生的认知活动是一个逐步积累、不断提高、由量变到质变的过程,只有循序渐进地进行,才能彻底地掌握和了解。而大学英语分级教学就充分体现了这一原则,一方面可以使教师在了解学生知识体系的基础上进行教学;另一方面可以便于教师选择适合学生的教学方法。例如,对于英语水平较高的学生实行语篇教学,对英语基础较差的学生采用句式教学等,以使学生的基础知识和技能水平得到循序渐进的提高。

2.因材施教原则。所谓因材施教,是指教师从学生的实际情况出发,有的放矢地进行教育。由于生活环境、受教育方式、学生本身的实践以及先天遗传的差异,每一位学生都具有区别于其他个体的特点。所以,大学英语教学过程中教师必须充分考虑学生的个体差异,并对具体情况做出具体的分析,进而实行因材施教。随着高等教育从精英教育转向大众教育,越来越多的学生进入大学进行学习,但学生的参差不齐也给教学带来了一定的困难。而大学英语分级教学从学生的实际情况出发,并针对学生的个体差异,为学生提供充分发展的空间,解决了教学中的困难。

(二) 分级教学的实施

分级教学是我国大学英语教学改革的一项重要举措,它的实施标志着我国大学英语教学从传统的教学模式向现代教学模式转变,充分体现了以学生为主体的教学理念,使大学英语教学进入了省时高效的新时期。在大学英语分级教学的具体实施过程中应注意以下几个问题。

1.科学合理地分级。级别设置的科学性对于分级教学来讲十分重要,因为它是分级教学能否最终实现教学效果的前提和关键。

《大学英语课程教学要求》提出:"大学英语的英语教学要分成三个层次,即一般要求、较高要求和更高要求。"就学生的基础能力和发展潜力来看,可以将学生分为三个级别,即高级、中级、初级。高级班的学生应该是英语水平较高的学生,在平时的教学过程中应加强对他们听说能力的培养,经过四个学期的大学英语学习之后,应能通过英语六级考试,并取得较好的成绩,最后一学期适当开设一些选修课,如英美文学、报刊文摘选读等,以满足他们对英语学习的渴望。中级班学生的英语水平总体尚可,但听说能力较弱,这样可以按照正常进度教学,最后能完成《大学英语课程教学要求》中的"较高要求",并使他们在英语四级考试中取得好的成绩。一般情况下,中级班的学生数量最多。剩下的学生就组成了初级班,初级班的学生语音和语法等基础知识都不太扎实,教学时应放慢进度,强化学生对基础知识的掌握,使他们最终达到《大学英语课程教学要求》中的"一般要求"。

为了实现分级的科学性,在实施分级时要遵循一定的原则即个人意愿与统一考核分级相结合、实际水平与考试结果相结合的原则。此外,还要进行分级考试。为做到统一考核分级的科学性,需要有科学的分级试题和分级标准。通常,分级试题要以《大学英语课程教学要求》规定的各级词汇量为基础,有层次、有计划地准备多套成熟的分级试题。分级教学编班一般在学生入校时就着手进行,在具体实施过程中应注意以下几点:首先,要以系为单位,以高考成绩为基础,结合分级考试成绩为学生安排班级;其次,要仔细了解学生对分班的个人意愿和学习需求,以充分尊重学生的意愿,激发学生的学习积极性。

此外,有些学校在分级编班时,有时会遇到这样的问题:到底是将学生分为A级班、B级班、C级班三个层次,还是将学生分为A级班和B级班两个层次。在这里我们对这两个分级方式进行一下分析。如果将学生分为A级班、B级班、C级班三个层次,在管理时会遇到很多的问题,首先学生的升级成绩管理就十分繁琐,教学管理人员每学期都要花费大量时间根据学生成绩重新编班;此外,处于C级班的学生很容易产生自卑心理,认为自己低人一等,因此容易心情低落,甚至自暴自弃;而且C级班不易管理,所以很多教师都不愿意分配到C级班中任教。可见,分级过细并不利于学生的英语学习,还会挫伤学生的情感。所以,将学生分为A级班、B级班、C级班三个层次是不合适的,而将学生分为A级班和B级班两个级别是可取的,这样不仅能有更多的时间给B级班中基础较差的学生补课,还能增强他们学好英语的自信心。

2.提高分级区分度。上述提到,分级分数线一般是根据高考成绩和摸底考试的分数来设定的,但这样仍然无法准确地测试学生的英语水平,因为学生对摸底考试的重视程度不同,所以最终的结果多少会有些误差,甚至很多学生因一分之差而没能进入A级班。为了使分级的区分度更高,可以考虑让学生自己参与分级,实行双向选择。具体做法是,最初仍然参照高考成绩进行摸底考试,但同时要公布各个级别的不同起点、听说读写各方面的学习要求和最终目标,由学生根据自己的英语水平和学习兴趣申请级别,学校最终审定。这种由学生被动选班变为自主择级的分级方式不仅可以激发学生的积极性,还能增强学生的自觉性。

3.贯彻好升降调整机制。升降调整机制是指根据选拔和自愿的原则,在一定范围内定期调整学生的级别,使学生的级别随学习的兴趣、成绩、能力变化而变化。①对于进步的学生安排升级,这样不仅可以激发学生的积极性,还能为其他学生树立榜样;对于退步的学生要安排降档,这样可以起到刺激作用,使他们不断努力,争取进步。

但是在分级教学模式下,高级班和低级班的教学进度和教学形式有很大差别,这就给升降调整机制增加了很多困难。为解决这一问题,在具体的教学中可拨高 A 级班,减少班级数,选拔英语较好的学生,以实验班的形式固定下来,不实施升降机制。升降机制实行于 B 级和 C 级之间,B 级和 C 级之间统一教材,统一进度,定好升降级的比例或者名额,一定周期进行一次微调,这样不仅做到了不同级别之间的良好衔接,而且科学合理。

4.制订科学的评价标准。分级教学中要制订科学的评价标准,因为如果不同级别的学生使用同一份试卷,那么高级班的学生必然会在最后的成绩总评中占据优势,这样自然也是不合理的。为了检测教学效果,各个级别的测试应采用不同难度的试卷,这样测试的成绩才会公平合理。此外,在大学中奖学金在很大程度上是根据学生的各科成绩来评定的,其中英语的比重很大,但在目前的评价标准下,英语水平较高的学生并不能实现这方面的优势,这必然会对他们的学年综合考评造成影响,也会打击他们的学习积极性。为解决这一问题,在分级教学的考核管理上增加平时的学习表现在总成绩中的比重,形成性评价与总结性评价相结合,同时加强考试试卷的科学性,以合理调整高级班和低级班学生的成绩。

5.避免负面影响。大学英语教学作为大学英语教学改革的新事物,在组织、管理方面都不可避免地存在一些缺陷,如操作过程太过复杂、学生考勤难以控制、学生容易产生心理波动、不利于培养学生的归属感等,这些问题都会对分级教学的效果产生影响。但是要建立完善的分级体制,就必须面对这些问题,并努力制订完善的制度规范,尽力避免因这些问题所带来的负面影响,从而使分级教学的优势得到最大的发挥。

(三) 分级教学与焦虑

在分级教学实施的过程中,不同层次的学生会产生一定的焦虑感,因此如何了解学生的焦虑情绪,妥善处理学生的焦虑感成为了影响分级教学效果的重要因素。

---

① 杜秀莲. 大学英语教学改革新问题新策略[M]. 济南:山东大学出版社,2011.

1.分级教学中大学生英语学习焦虑的体现。焦虑是指个体由于不能克服某种障碍或不能达到预期目标,使其自信心受挫,或使其失败感增加而形成的紧张、不安、恐惧的情绪状态。英语学习焦虑是一种特定情景下的焦虑,它是学习者因英语学习过程的独特性而产生的一种"与课堂语言学习相关的自我意识、信仰、情感和行为的情结"。

根据霍维茨(Horwitz,1986)对外语学习焦虑的研究,外语学习焦虑可具体表现为以下三种形式:交际畏惧、考试焦虑和负评价恐惧。交际畏惧指的是学习者对真实的或预期的交际活动所产生的恐惧或焦虑心理,交际回避和退缩是其典型的行为模式。考试焦虑是指学习者担心在考试中不能取得好的成果而产生的恐惧心理。负评价恐惧是指学习者因他人可能会对自己做出负面评价而产生的沮丧和恐惧心理。大多数学习者在学习的各个阶段都会承受各种不同程度的压力,也会产生各种形式的焦虑心理。

例如,大学英语教学实施分级教学之后,各个层次的学生都会面临新的学习压力。一般,刚进入大学的学生要被分到A级、B级或者C级班级中学习。通常大部分学生会被安排到B级班级中学习,其余少数英语基础较好或较差的学生会被分到A级和C级班级中学习。相对来讲,被分到B级班级的学生面临的压力以及可能产生的焦虑最低。他们主要面临源自跳级或者降级的压力以及由此而产生的焦虑心理。另外,他们还需要适应陌生的同学以及具有不同教学风格的教师,而这种陌生感会使他们处于自我保护而表现出退缩或者回避行为。不可否认,被分到A级班级的学生是分级教学最大的受惠者,但置身于佼佼者中的他们面临的压力要远远大于B级班中学生面临的压力。处于A级班的他们更希望在班级中脱颖而出,也更希望得到教师和同学的关注和认可,但当他们的这种心理需求得不到满足时,就很容易产生失落感,进而会失去学习的积极性。而进入C级班级中的学生所承受的心理压力主要源自负面评价,具体表现为自卑、自责,甚至自暴自弃等。在分级教学模式下,不同层次的学生都会面临不同的压力,产生不同的焦虑心理,这一现象应引起我们的注意。

2.学习焦虑对大学英语分级教学的启示。由于学习环境或者学生个人的因素,在英语的学习过程中,焦虑的产生是不可避免的。焦虑不可能彻底消除,但却可以降低,所以在大学英语分级教学过程中,教学管理人员和教师应分析学生焦虑的具体原因,从不同的角度出发,最大限度地降低学生的焦虑情绪,使学生轻松、愉悦地学习。

(1)在实施分级教学时:要做到"两头小,中间大",最大程度地降低分级教学所带来的负面影响。这里的"两头小"指的是分入高级班和低级班的学生比例要小,通常"两头"学生不宜超过总体学生的五分之一。"中间大"指的是分入中级班的学生比例最大,但一般不宜超过总人数的一半。这样,学生的总体焦虑程度就会降低。

(2)在分级教学之初:教师就要让学生对分级教学的初衷和必要性以及取得的一些成果有一个充分地了解,这样学生就不会从心理上排斥分级教学,也会更快地适应分级教学的管理形式和考核制度,进而在分级教学模式下积极学习英语。

(3)在分级教学中:教师要关注学生的焦虑心理,并及时与学生进行交流,以减少学生的焦虑,提高学生学习的效果。在任何一门学科的学习过程中,教师的态度以及教师与学生之间的交流都会影响学生对这门课程的学习态度,英语学习也是如此。所以,增进师生之间的情感交流、建立融洽的师生关系对于学习大有裨益。教师的积极引导和鼓励是降低学生学习焦虑、引导学生积极学习的有效途径。

学习焦虑是影响学生有效学习的重要情感因素,所以教师有必要采取各种措施,降低学生的焦虑心理,从而使分级教学发挥最大的优势。

二、课外教学

课外教学是整个教学体系的重要组成部分,从某种角度来说是课堂教学的延伸。因此,在当代大学英语教学中,英语教师要引导、组织学生积极开展多种课外活动,有效地辅助课堂教学,共同实现教学目标。本节我们就主要介绍当代大学英语教学中的课外教学。

(一)课外教学的意义

1.有利于理论与实践相结合。英语教学不应仅局限于课堂教学中,还要引导学生积极开展丰富多彩的英语实践活动。开展英语课外实践活动,有利于避免课内与课外人为的割裂,加强课内外的联系,加强校内外沟通,加强学科间的融合。

将课堂教学与课外教学相结合,实际上也是将理论与实践相统一。课堂教学往往以书本为基础,往往限于书本知识的传授与学习。这就使得教学存在一定的局限性:学生很少接触实践,缺乏感性知识,在书本上所学的不是完全的知识。而开展课外教学,可以很好地弥补这一缺点。通过有效的课外活动,学生可以把在课堂上学到的知识与实际生活联系起来,应用到课外实践活动中去,并从中获得感性知识。这样,通过课堂教学与课外活动的结合,学生就能够将理性知识和感性知识统一起来,从而促进理论与实践的统一,使学生感到学有所用。

2.有利于培养学生的自主学习能力。丰富多彩的课外活动可以为学生创造轻松愉悦的学习环境以及自主学习、探究学习的机会和条件。与课堂教学不同,课外活动气氛比较轻松,学生没有太大的压力,比较无拘无束,能积极主动地完成教师分配的任务。在完成课外活动任务的过程中,学生能够养成独立思考、独立解决问题的习惯。

因此,课外活动既能够激发学生的学习兴趣、调动学生的学习积极性,还可以培养他们的自主学习意识,真正做到了学生在英语教学中处于主体地位。

3.有利于培养学生良好的文化价值观。文化价值观是体现一个社会的意义、价值、风俗、规范、概念与符号的总体。包括人文精神和科学精神两个方面。据了解,英联邦国家中小学全程开设戏剧表演和文学阅读课,并开展丰富多彩的英语课外活动,目的就是要提升学生的文化品位、审美情趣和人文素养。

由此可见,课外教学能很好地培养学生良好的文化价值观,包括人文精神中思想道德素质层面的社会价值标准、有关个人的价值标准、有关国家和世界的价值标准和认识世界的价值标准等方面。此外,还有利于培养学生的爱国主义、国际主义以及共产主义思想。

4.有利于调动学生学习的积极性。兴趣是学习的动力,只有学生对英语学习有浓厚兴趣、保持愉快的学习状态,学习效率才会提高。因此,教师应该为学生提供更多的用英语进行交际的机会,以激发、增强学生对英语学习的兴趣。这单纯依靠课堂教学是远远不够的,还要依靠课外活动的加入。

课外活动方式灵活多样,内容丰富,范围广泛,为学生提供了将所学知识运用于实践的机会,使学生能够认识自我,可以充分发挥学生的主动性、创造性,并在实践中取得不同程度的成就感,从而增强信心,增加学习英语的兴趣和乐趣,从被动学习转变为主动学习,进而对英语学习保持长久兴趣。

此外，由于课外活动是学生自愿参加的，学生的积极性普遍较高。因此，教师只需要稍加引导，就能够把学生的学习兴趣激发出来。所以，教师在把握好课堂教学的同时，还要指导学生开展丰富的课外活动，以激发、培养学生的学习兴趣，从而调动起学生学习英语的积极性。

5.有利于提高学生的整体素质。学生在课堂上接触、接收的知识是十分有限的，不能提高学生的整体素质。而课外活动不受现行教学计划和教材的限制，活动设计丰富多彩，形式灵活多样，具有很强的社会性、实践性，为学生提供了一个很好的实践机会。

课外活动不仅能够培养学生的观察力、想象力、思维力以及实际操作能力，将理论运用于实际，从而加深对知识的理解以及对技能的掌握，还能让学生开阔视野，培养实事求是的科学态度、百折不挠的探索精神以及严谨细致的科学作风，促进学生整体素质的提高。

此外，英语课外教学的开展还可以促进英语学科与其他学科的相互渗透和联系，扩大学生的知识面。例如，通过参加公益劳动，不仅可以锻炼学生的劳动能力，还可以掌握一些基本的生产技能；让学生独立主持一些活动，可以锻炼组织管理能力，还可以培养学生良好的心理素质。

总之，英语课外活动的开展不仅有助于学生加深、巩固和扩大课堂上所学到的英语知识，而且还有利于学生不断地获得课堂以外新的知识。这些对于提高学生整体素质十分有帮助。

6.有利于促进学生的个性发展。学生各自的遗传素质不同，生活实践和教育也不同，因此心理个性存在很大差异。这种个性差异是客观存在的，具体表现为兴趣、能力、性格、气质的差异。这些差异既是教育的结果，又是教育的依据，教师只有针对这些差异因材施教，才能取得较好的教学效果。

但是，我国传统的课堂教学，无视这些差异，对全体学生使用同样的教材、同样的教学方法、布置同样的作业，这就难以使每个学生的聪明才智得到充分展现。而课外活动教学不受大纲、教材的限制，允许学生按照自己的兴趣、爱好、特长以及才能等参加各种活动，一方面可以充分发挥学生个人的兴趣、爱好、特长以及各种才能；另一方面教师可以在课外活动中发现在某一方面有特殊才能的人，对其加以训练、培养，从而促进学生的个性发展和人才的早期培养。例如，学校组织的英语歌咏比赛、戏剧小组、文艺汇演等，都能为具有音乐天赋或表演才能的学生提供展示才能的机会。

此外,教师在组织学生开展课外活动时,要考虑学生的年龄特点、个性特点和英语知识水平,选用适当的形式和方法,有计划、有目的地开展课外活动。这样,不但可以使课外活动有利于促进学生的个性发展,而且不会加重学生的负担,同时还可以辅助提高英语教学的效果和质量。

7.有利于培养学生的合作精神。很多的英语课外活动是集体活动,如小组之间的英语游戏、班级或者年级之间的英语竞赛活动等。在准备课外活动的过程中,有许多的工作需要学生之间、学生和教师之间相互配合来进行。在活动进行过程中,许多任务也是需要参加活动的团队成员相互协作来共同完成。因此,开展英语课外活动对于培养学生的合作精神、集体荣誉感、班级凝聚力十分有利。

8.有利于增进师生感情。课外活动的主体是学生,但是在开展课外活动的过程中,有许多的活动都离不开教师的参加和指导。毫无疑问,教师在课外教学活动中仍扮演着重要的角色,指导、监督学生的课外活动,但不再扮演课堂上的权威者的角色,而是融入到学生当中,和学生成为一体。因此,英语课外活动能有效地促进和加深教师与学生之间的感情交流,增进师生感情。

由上述英语课外活动的意义与作用可知,当代大学英语教学要大力开展课外教学。因为,课外教学不是课堂教学的简单重复,而是课堂教学的有力补充。只有将课堂和课外有机结合起来,才会切实提高学生的英语水平和英语教学的整体质量。

(二)课外教学的形式

课外教学不同于课堂教学工作,其在组织形式上较为灵活,下面对其形式进行分析与总结。

1.英语活动小组。英语课外活动小组是当代大学普遍使用的一种课外活动形式。组织英语课外活动小组,有利于创设各种真实的英语环境,使学生在轻松、自由的气氛中掌握语言的应用能力。在活动实施过程中,学生之间可以取长补短,相互学习。通过伙伴之间的合作,可以不经意地学到课堂上学不到的知识,比如良好的道德品质、思维品质、学习策略等。

课外活动小组应由学生自己组织,自愿参加,推选出组长和干事。通常情况下,教师不参与小组内部的分工。教师可充当小组的顾问,指导和协助小组分工。英语课外活动小组要根据学生的兴趣爱好以及英语水平进行分组。要按照活动的性质、特点决定每个小组的人数。另外,教师的参与和指导主要是为了保证小组分工的公平性和合理性。下面就列举几种常见的课外小组形式。

(1)会话小组:参加会话小组,可有效提高学生的听说能力。活动可以每周或隔周开展一次,也可根据每个学校的实际情况而定。小组人数应控制在十人左右,以保证每个学生有充分练习的机会。会话的题材要选择一些日常生活中比较熟悉的事情,如有关学生家庭成员、家里的事,学校或班内发生的事,城市或农村见闻,国内外新闻时事,观后感或假日旅游生活等。设计会话的场合和情景时,也要注意多样化。教师可以通过命题发言、即兴发言、看图讲故事、开展会话游戏、依据课文内容改编对话等形式促进教学。

(2)语音兴趣小组:语音兴趣小组的开展旨在满足不同学生的需要,针对不同学生的特点采取课外个别辅导。针对学生发音上的毛病,教师可以组织学生在组内进行相互纠正发音和交流纠音的活动,并组织语音比赛,制订合理的奖励政策以激发学生的学习兴趣。

此外,教师还应该向学生介绍有关语音知识,增加一些语调训练,满足不同学生的需要。经过一段时间的活动练习之后,原本语音基础很弱的学生就会取得一定的进步。

(3)阅读小组:课外阅读对英语学习有很大帮助:一方面可以巩固、扩大学生的词汇,增强学生的语感;另一方面,可以使学生从各种语言材料中猎取丰富的知识,开阔眼界,提高文化素养和学习兴趣。

课外阅读可选择的材料很多,但必须要精挑细选,总的来说,在选择材料时应该注意以下几点。

1)材料选择应以学生的特点为基础:既要有一定的难度,又要适合学生的水平。一般情况下,指导性阅读材料的生词量应控制在5%,而供学生独立阅读的材料,生词量应低于5%。

2)所选材料的难度基本上应与所学课文的难度程度相当:如果难度较大,会影响阅读速度,影响学生的学习兴趣,过于简单就实现不了学习的目的。因此,完全选自原著或者是选自经过改编的原著的材料,其中的难点可以加以注释说明。

3)材料选择应由教师帮助学生选择:低年级可多选些通俗易懂的题材和内

容,如小寓言、小幽默、小笑话或小谜语。高年级的读物可适当加深材料的广度和深度,如诗歌、短剧、报刊杂志上的新闻、科普常识、名人传记或简易读物,甚至简单的原著节选等。

(4)英语墙报小组:墙报和黑板报是英语墙报小组可出版的两种形式。出版英语墙报通常以班级为单位,而黑板报可以年级为单位。墙报、黑板报的材料选择应该符合学生的知识水平,贴近学生生活。要同时满足以下两个要求。

1)内容可以是英语小故事、寓言、童话、名人小传、谜语、国外地理知识、风土人情、英语知识等。

2)每期都要有一定的目的和主题:做到主题鲜明、形式多样、美观醒目。

英语墙报、黑板报不仅可以巩固学生在课堂中学到的英语知识,提高英语写作能力,还可以使学生学到大量的课外知识,增长学生的见闻,扩大学生的视野。

另外,墙报、板报的编辑工作十分关键。教师应在每个班级选出几名英语基础好或者擅长绘画的同学参加这些工作,让这些学生在教师的指导下分担组稿、写稿、版面设计等工作。各个班级、年级可以轮流出版外语墙报和黑板报。教师组织学生定期对这些作品进行评比,排出名次,按照事先制订好的奖励政策进行奖励,以激发学生兴趣,提高学生的学习积极性。

(5)英语歌唱小组:很多人学习英语的兴趣都是从听英文歌曲开始的,反过来,英文歌曲的学习可以辅助我们的英语学习。在课外活动中,各班都可以组织英语歌唱小组,学唱英语歌。唱英语歌有助于训练语音,有助于记忆单词,而且很容易引起学生的兴趣,因此是一种很有益的课外活动形式。当然,歌曲的选择不是随意的,而是教师根据一定的教学目的来选择的。比如,有些歌可以帮助学生记忆词汇和句型;有些歌有助于学生练习发音;有些歌适合在晚会上演唱供师生欣赏。

(6)广播小组:开展英语广播小组活动对于提高学生的英语口语能力十分有利,因此教师要充分利用好学校的广播站。广播小组从大一到大四都适用。最好以年级为单位来组织英语广播小组。选出语音、语调比较好的学生作为学校英语广播站的播音员,根据学校的统一安排向全校做英语广播。

广播稿的选择一定要慎重,最好能有教师亲自把关,力争稿件内容符合在校大学生的能力水平,还要考虑学生感兴趣的话题。此外,广播员还可以筛选一部分 VOA 或 China Daily 等稿件在广播站播出,让学生体验原汁原味的英文广播。

(7)戏剧小组:表演是一种艺术,带有很强的交际性。对于培养学生学习英语的兴趣、锻炼学生的表演能力十分有利。同时,通过戏剧表演,学生在施展表演才能的同时还学习了语言技能、增强了集体荣誉感。一些具有表演才能的学生从中脱颖而出,这有利于人才的培养。

2.英语竞赛。竞赛是常见的英语课外活动形式。教师指导学生以学校、年级、班级或小组的形式有计划地开展英语竞赛,不仅可以有效激发学生学习英语的兴趣,而且对开发学生的智力、创新性都具有积极作用。因此,英语竞赛是开展最为广泛的英语课外活动形式之一。

英语竞赛以考查学生的英语能力为主。英语竞赛既可以是单项比赛,如英语朗读比赛、查字典比赛、讲故事比赛、看图说话比赛、短文写作比赛、翻译比赛、书法比赛等,又可以是综合性比赛,如听说读写综合竞赛、办报比赛、辩论会等,还可以与其他学科联合起来进行综合性比赛。竞赛可按年级举行,也可以是全校性的,还可以与其他学校联合举办。

开展竞赛活动之前的动员工作很重要,尤其是对那些性格内向、胆小、容易害羞的学生,先鼓励他们报名参加一些较为简单的课外活动,让他们在逐步的小成功中逐渐树立起自信心。

在竞赛前,主办方要向全体学生宣布竞赛的项目、日期和要求。在准备过程中,教师还应帮助学生选材、审稿,并进行辅导,以帮助他们克服缺点,提高运用英语的技巧。为了培养学生的组织管理能力,可以由学生轮流担任竞赛活动的主持等工作。如果是全校竞赛,一般由学校领导主持,由教师组成评判委员会,并订出评分标准。比赛结束后,立即算出成绩,排出名次,奖励优胜者。最后,由评委会进行总结,肯定成绩,指出存在的问题和今后需要改进的地方。

3.英语文艺汇演活动。英语文艺汇演主要以班级或者年级为单位展开,其内容丰富多彩,形式多种多样,包括英语歌曲演唱、英语课本剧演出、英语故事会、英语诗歌朗诵等。英语文艺演出的形式能极大地调动学生的积极性,激发学生的热情。例如,在文艺汇演前,每个学生都会进行精心准备,布置场地、购买演出服装等。参赛的学生则会积极练习和准备,学生在欣赏表演的同时,听说技能会得到很好的锻炼。

英语文艺汇演活动对学生的课外活动有很多好处。一方面,由学生全程参与的节目,其水平符合学生的程度,使学生能在语言学习上得到提高,在能力上得到锻炼;另一方面,英语晚会趣味性强,气氛轻松,在这种氛围下,学生很容易对英语学习产生兴趣,在以后的英语学习中就能够主动、积极地进行英语学习。此活动形式应与英语课外活动小组活动紧密结合起来。

4.英语学习成绩展览会。英语学习成绩展览会的目的是肯定成绩,鼓励先进,找出差距,进一步推动英语学习。它能有效激发学生的自信心,也会对学生的学习起到很好的鼓励作用。

英语学习成绩展览会和英语学习成绩汇报会一般在学期末,以班或年级为单位举行,参加人员主要是学生家长。展览会上的陈列物品包括:英语课本、课外读物、教学用具、学生的平时作业、作文、英语试卷、学生学习成绩统计、学生所写的有关英语学习的体会,以及上英语课、自习、课外活动、辅导等的照片或记录。结合这些展品,学生用英语给与会人员做简短的汇报,还可以由学生表演英语节目,作为汇报的组成部分。

5.英语电影欣赏。电影能通过影像和声音还原现实生活,语言形式丰富多彩,涉及不同阶层和不同年龄人群的生活。英语教学实践证明,看英语电影可以作为促进大学英语教学的有效辅助手段。通过看英语电影,学生可以增进对英语国家文化和社会习俗的了解,加深对英美文学知识的理解,在轻松愉快的氛围中习得知识。

现在有专供学习英语用的影片和录像带,教师可以定期组织学生一起观看。学生可以从中学习英语又能得到消遣。无论选用电影片还是录像带,都应以适合学生的英语水平、内容健康为标准。每次放映,事先应有准备,片子不宜长,可以重复播放,事后组织学生座谈或写观后感,从而让电影欣赏的作用得到落实。

在课外活动中开展该活动时,其影片的选择很关键,所以选择电影时应注意以下几点。

(1)影片中人物的发音应地道纯正,语调优美。

(2)电影内容:要健康、积极向上,能够引导学生树立正确的人生观和价值观。比如一些根据文学名著改编的比较受欢迎的影片。

(3)影片的难易程度要适中:不要选择特殊语言现象(方言和俚语)太多的

电影,否则会增加学生理解电影内容的难度,使他们失去欣赏电影的兴趣。

(4)影片可根据所学的课文内容来选择:这样不仅可以降低电影的难度,而且还有助于学生加深对课文的理解。

(5)所选择的影片要易于模仿和表演。

6.英语专题性活动。专题性的英语活动也是英语课外活动的一种形式。开展专题性英语实践活动,不仅有利于学生协调发展阅读、写作和口语交际能力,还有利于提高学生在实践中综合运用语言文字的能力。教师可以根据学生的英语水平和生活经验,以及根据学校和学生的实际情况指导学生灵活地组织、实施专题性活动。例如,可以指导学生调查周围的生活环境,了解近年来环境发生了哪些变化,提出保护环境的措施,写出调查报告等。专题性实践活动要求时间较长,因此教师需要耐心地为学生作指导,并适时地鼓励学生,使学生坚持完成实践活动。专题性实践活动既可以独自完成,也可以小组合作完成。

7.英语角。英语角是我国学生较为熟悉的英语课外活动形式。由于英语角对场地的要求低,也没有什么等级设置,因此适合不同水平的学生参加,可以有效锻炼学生的英语教学交际能力。

有一点需要注意,教师要不定时地"巡逻",一方面是给学生提供相关指导;另一方面是监督学生是否用英语进行交流,防止学生用母语进行交流而使英语角失去其活动意义。

英语角的活动时间根据实际情况来定,可以是一周一次,也可以是两周一次。比如,最近新学到了一些实用的交际用语,或者看完了一部电影,这些都可以作为英语角的一个交谈内容。要尽可能地发动所有学生参加,这样可以让更多人参与到英语实践活动中,有利于扩大英语课外活动的受益群体。

三、自主学习

自主学习作为一种新的教学理念已经成为了大学英语改革的主流思想,对大学英语教学有着积极促进作用。本节就重点对大学英语自主学习进行详细的介绍。

(一)自主学习的定义

对于自主学习的定义,不同的学者有不同的观点。以下我们介绍几种主要的定义。

文登(Wenden)指出,"实际上那些成功的、有才智的或擅长学习的学习者已经学会了怎样学习,他们已经掌握了学习策略和有关学习的知识,并树立了使他们能够自信地、灵活地、恰当地、独立地运用这些技能和知识的态度。因此他们是自主的"。

霍莱克(Holec)最早开始外语自主学习的研究,而且他对自主学习的定义得到了广泛的认可。他把自主学习定义为"负责自身学习的能力"。而且他认为这种能力是"潜在的、在特定环境中可以实施的能力,而不是个体在此环境中的实际行为"。

利特尔伍德(Littlewood)将学习者自主定义为"学习者不依靠教师而使用所学知识的能力"。

利特尔(D.Little)认为,自主学习"从本质上说是学习者对学习过程和学习内容的某种心理关系,即一种超越、批判性的思考、决策以及独立行动的能力"。他还认为,"学习者自主性学习主要是指学习者对于学习过程和学习内容的一种心理反应"。

纽南(Nunan)认为,"能够确定自己目标并创造学习机会的学习者,可以说,是自主学习者"。

布罗迪和肯宁(Broady & Kenning)认为自主性这一概念是指,教育应该培养学习者独立思考的能力和对学习的责任感。

陈冬纯从回顾自主学习的缘起,分析自主学习者必须具备的条件出发,对大学英语的自主学习作如下定义:自主学习是指学习者依赖其独立的学习风格、积极的学习态度和良好的学习能力,能够独立或在教师的指导下设定其学习目标,通过个人的活动和与他人合作的方式,实施、完成、评估自己的学习效果并达到学习目标的学习过程。

虽然不同的学者对自主学习进行了不同的界定,但他们对自主学习的本质认识是一致的。总结上述定义,自主学习具体可分为三个方面。

(1)对自己学习活动的事先计划和安排。

(2)对自己实际学习活动的监督、评价和反馈。

(3)对自己的学习活动进行调节、修正和控制。

(二)自主学习的发展

自主学习在实施的过程中,难免会遇到一定的困难与问题,对这些问题的总结、分析、解决是促进自主学习发展的必经阶段。

1.大学英语自主学习中的问题。在自主学习的过程中,会出现多种多样的问题,自主学习的效果也会受到不同因素的影响,如策略选择、目标确定、效果归因、意志水平、性别角色等。具体来讲,大学英语自主学习中存在的问题集中体现为以下几点。

(1)自主学习动机不明确:虽然近年来我国大学一直都在提倡培养学生的自主学习能力,但由于深受高考和高中教学模式的影响,很多大学生依然对教师的依赖性很强,在学习方法、学习方式上都保留着中学的习惯,他们甚至不知道如何自主安排自己的学习,丝毫没有自主学习的意识,缺乏独立思考的能力。

自主学习习惯的养成要求学生更多地了解语言的本质及相关英语国家的文化背景知识,掌握英语学习的策略和技巧,逐渐在自主学习的过程中形成自己的学习风格。需要引起重视的是学生要正确看待老师在自主学习中的地位,要清楚自身的学习环境,并充分利用现有的学习资源和环境。

事实证明,学习只有在学生自愿的环境中,学习的效果才会事半功倍。但是大多数学生的自主学习动机不明确,对于自身的学习还依赖于外界的评价。有些学生自主学习的开端热情高涨,但是如果没有得到成功的反馈,就会逐渐丧失学习的动力,变得懒散,自主学习也很难维持下去。对这类学生,如果及时加以疏导,使之明确学习动机、端正学习态度,自主学习就会取得很好的效果。

(2)没有掌握自主学习的方法:要想能够自主学习,能更有效地提高学习效率,学生必须具备一定的学习能力和独立自主的能力。但在实际学习过程中,很多学生不了解语言学习的本质和过程,不知道英语学习是一个循序渐进的积累过程。在他们看来,只要上课记笔记、课下强化、考前突击就可以应付考试,就可以习得英语。可以看出,没有掌握自主学习的方法,是不可能很好地进行自主学习的。

(3)缺乏自主学习的氛围:在英语学习中,学生多是通过课堂教学学习英语,而在课堂之外则很少接触,更别说自主学习和运用英语了。这一方面也是由于学校课外投入不足造成的,课外缺乏自主学习的氛围,学生就很难找到自主学习英语的途径,也就很难提起学习英语的兴趣和信心。

2.大学英语自主学习问题解决对策。教学过程包含很多的变量,是一个相当复杂的过程,这就要求教师要转变传统的教学模式,更新教学观念,在教学方法上进行创新。在教授知识的同时,教师要采取有效措施,加强对学生自主学习能力的培养,主要的方法和途径有以下几个方面。

(1)激发学习兴趣:在传统教学中,学生是知识被动的接收者,但是在自主学习过程中,学习变成了学习的主体,是学习的主人,是信息加工和知识的构建者。所以,教师要启发和诱导学生养成这方面的意识,帮助他们掌握自主学习的技能。但要做到这一点,教师首先要改变传统的教学思路和模式,浓缩学习内容,在课堂上给学生提供更多自主学习的时间和空间。此外,教师要注意一点,也是非常重要的一点,即要激发学生自主学习的兴趣,消除学生依赖的心理,调动学生的学习动机,引导学生发挥主体作用。兴趣对于英语学习而言非常重要,它是激发学生积极自主学习的关键因素,所以在具体的教学过程中,教师除了要关注课堂教学外,还要积极开展课外活动,以提高学生学习英语的兴趣,也为学生提供课外接触英语的途径,使他们掌握自主学习的能力,真正成为自主学习的主体。

(2)培养学生自主学习的习惯:要想使学生成为独立自主的学习者,培养学生自主学习的习惯非常重要,因为当学生养成了自主学习的习惯,他们会有针对性地发挥自己的优势,克服自己的弱点,有计划地完成自己的学习目标。要想培养学生自主学习的习惯,教师可以从以下方面入手。首先,教师要帮助学生建立拼读能力,使学生了解构词的规律,然后训练学生形成良好的书写习惯、阅读习惯、口语习惯等;其次,教师要引导学生掌握宏观层面的内容,同时还要鼓励学生不要忽视微观层面的内容;最后,教师还要对学生的自学情况进行检查和监督,并积极引导学生进行课外自主学习。只有这样,学生才能逐渐养成自主学习的习惯。

(3)掌握自主学习的方法:自主学习能力不是与生俱来的,它一方面要靠学生内在的需求和动机;另一方面需要教师的指导。对此,教师应充分利用课内和课外时间,多与学生交流沟通,了解学生的需要,解决学生的实际问题,帮助学生掌握自主学习的技能和方法。具体来讲,教师可以根据学生不同的特点和学习情况,制订切实可行的学习目标,让学生在学习的过程中有的放矢,计划和管理好自己的学习。例如,对于阅读来讲,教师可以为学生介绍一些基本的阅读技巧,向学生推荐与其水平相符的课外阅读资料;指导他们每周写读书笔记,总结文章大意。通过训练,学生可以掌握学习英语的方法,还会掌握自主学习的能力。

(4)营造自主学习的氛围：自主学习氛围的营造对于学生自主学习意识和能力的培养十分重要。一方面，在课堂上可以营造自主学习的氛围，即教师扩大学生学习的空间，积极调动学生的积极性和参与性，启发学生独立思考和讨论；另一方面，在课堂之外可以营造自主学习的氛围，即在课外积极组织和开展英语角、英语演讲比赛等活动，为学生提供实践英语的机会。此外，网络多媒体的运用可以有效改善教学环境，为学生的自主学习营造良好的氛围。通过网络，学生可以在任何时间和地点通过多种渠道了解和接触英语，获取实践英语的机会，进而提高英语水平。

总而言之，语言学习的本质与规律要求学生必须具备自主学习的意识和意愿。尤其是在大学阶段，英语学习、未来的工作等都要求学生必须具备自主学习的能力，成为学习的主人。所以，无论学生、教师还是学校，都必须重视自主学习的意义，并将其作为一种目标来实现。

四、网络教学

随着计算机和网络技术的迅速发展，多媒体、网络技术开始进入学校、步入课堂。它们的加入为教学注入了新的活力，有效促进教学的顺利发展。2004年教育部颁布的新《大学英语课程要求》不仅对大学英语教学做出了不同层次的要求，还提出了网络化自主学习教学模式，即"各高等学校应充分利用多媒体和网络技术，采用新的教学模式改进原来的以教师讲授为主的单一课堂教学模式。新的教学模式应以现代信息技术，特别是网络技术为支撑，使英语教学不受时间和地点的限制朝着个性化学习、自主式学习方向发展"。大学英语网络教学有着传统教学不可相比的优势，所以其在各大高校中迅速得以开展。但由于其在大学英语教学中的实践尚不成熟，所以还有许多需要改进的地方。

(一)英语网络教学模式

英语网络教学是时代发展所衍生出的教学方式，对这种教学模式的采用极大地促进了英语教学工作的展开与发展。

1.定义。在准确把握英语网络教学模式的定义之前，我们有必要对英语教学模式进行一定的理解掌握。

埃金等指出："所谓教学模式，就是为了完成特定的教学目标而设计的、具有规定性的教学策略。"

祝智庭曾说:"教学模式又称教学结构,简单地说就是在一定的教学思想指导下所建立起来的比较典型的稳定的教学程序或阶段。"

黄甫全等从教学策略与教学方法、教学结构与教学程序、教学模式构建方法的视角对教学模式进行了概括,指出:"我们可以把教学模式理解为开展教学活动的一整套方法论体系,它实质上是在一定的教学思想或教学理论指导下建立起来的、较为完整的教学活动结构框架和活动程序。它是教学理论的具体化,又是教学经验的一种系统概括。它既可以直接从丰富的教学实践经验中通过理论概括而成,也可以在一定的理论指导下提出一种假设,经过多次实验后形成。"

综上所述,我们可以总结出教学模式的定义:教学模式是在一定的教学思想或是教学理论的指导下,为完成特定的教学目标而设计的,用来组织和实施具体的教学过程的策略和方法。教学模式是一种比较稳定而且简明的教学要素活动框架及具体可操作的活动程序。它既可以直接从丰富的教学实践经验中通过理论概括形成,也可以在一定的理论指导下提出一种假设,经过多次试验后形成。[1]

针对教学模式的认识,我们可以对网络外语教学模式的定义进行如下描述:网络英语教学模式是在一定教学思想和教学理论指导下,依托计算机网络技术,为达成一定的外语教学目标而构建起来的较为稳定的教学结构框架和教学方式。

2.分类。

(1)网络集体学习模式:在几种网络教学模式中,集体学习模式与传统的课堂教学模式最接近。基本的步骤都是教师课前准备好讲授材料,以多媒体信息的方式呈现,包括文本、图形、声音等,以超文本格式存放于网络的服务器上,通过课堂终端展现教学内容。同时采用ATM技术中CBR和VBR业务或专用高速网络,将因特网、多媒体和虚拟现实等技术结合起来,达到双方实时交互,实现实时传送音频和视频。学生运用网络浏览与检索,将应用软件和电子课件下载到用户端的计算机上,在自己方便的时间进行学习。

网络教学最大的优点在于它不受限于传统的课堂教学的时间和空间,学生

---

[1]张志远.英语课堂教学模式[M].北京:中国物资出版社,2010.

可以在自己方便的时间里学习,对于学习者的年龄和人数也没有特别的限制,给人们的终身学习提供了可能。网络教学模式,使传统教学无法实现的一些情况得以实现。比如,师资得到了最优化。由于教师的选择可以不受地域、国界的限制,因此同一门课程可以由最优秀的教师担任,无形中节省了师资力量,从而扩大了教学规模,为教师的科研活动提供了更充分的时间。

(2)网络自主接受模式:网络自主接受模式一般包括三个基本要素:学习者,学习内容和学习指导者。其中,学习内容是网络课件,也就是通过网络传输的、由计算机作为媒介呈现的图文声像等语言材料内容。同时需要指出的是,这里的学习指导者并不单纯指教师,而是指计算机和教师的结合。因为网络自主接受模式所传递的主要是客观类的知识和技能,训练主要方式以填空、选择、拖动配对等具有明确答案的形式为主,这些教学设计通过设定计算机的识别和反馈程序就可以自动批改和矫正学习者的错误并提供答案。同时,根据对计算机程序的设定,计算机可以自动探测学习者的学习背景和学习风格等,然后根据具体信息提供适合的学习材料和学习路径等,计算机在这个过程中实际上扮演了教师的角色,因此我们称之为智能导师。但是,在学习过程中学习者会遇到各种问题,尤其是一些个性化的难题,学习者还会遇到人际情感沟通方面的问题,这些单纯靠计算机是无法解决的,对这类问题就需要教师通过网络交流工具对学习者进行沟通,促进问题的解决。这种问题可以通过学习论坛、博客等交流平台进行解决。

网络自主接受模式可以有效地实现学生个性的发展,把学习的控制权交给学生,学习的主题、数量、速度等都可以由学生自己掌控。这样做可以从一定程度上发挥学生的主观能动性,提高学习兴趣。

(3)网络小组学习模式:网络小组协作教学模式,也称作"计算机支持的协作学习模式"(Computer-Supported Collaborative Learning)。这种网络小组学习模式有别于传统的计算机辅助的个别化教学。小组协作学习是以一种小组或团队的形式,组织学生协作完成某种既定学习任务的教学形式。而个别化只注重学习中的人机互动活动。

小组写作学习具备自己的基本要素,一般分为五个部分,下面我们对每个部分进行详细说明。

1)相互依赖:相互依赖是小组写作的基础,没有组员之间的相互依赖就谈不上互相的协作。这就要求每个成员明确自己的任务和责任,也就是进行指定材料的学习并完成共同的学习任务。根据外语教学的特点,积极的相互依赖主要包含以下方面:小组学习任务明确、角色分工积极、对各自的责任和相应的奖励措施明晰。由此可见,积极的相互依赖主要体现在共同的小组成果和目标实现的相互努力上。

2)真诚交流:合理有效的交流是小组任务顺利完成的保证,这就要组员之间进行面对面的思想沟通,促进交流的进行。但是在促进交流时有几个方面需要考虑。

明确活动时间。在进行小组活动的时候,要充分考虑到小组的活动时间,在合理安排时间的前提下,留出充裕的时间供组员之间进行交流讨论。各位组员都要积极地参与到讨论中,最大程度地促进交流的进行。

考虑个体差异。由于每个人对事物的看法和认知都是不同的,在进行小组交流的过程中,应对个体的差异性进行充分考虑。这样每个成员才能根据自己的理解或价值观对学习任务进行不同的诠释,达到对学习任务全方位的掌握。

任务及时评估。根据Johnson et al.的看法,及时评估、适当协调、个体关心、相互鼓励是促进成员之间相互交流的有效手段。对学习任务的及时评估对于成员之间的工作协调和心理协调都能起到很大的促进作用。

在综合考虑以上三个方面内容的前提下,对于组员之间的有效帮助、资源的相互交换、信息的高效加工加以重视同样能够促进小组交流的顺利进行。

3)明确职责:小组活动首先是一个集体活动,职责主要是业绩评价、结果反馈和同类比较。相应的集体中的每个人又有各自不同的职责,主要是完成各自任务、对自己业绩的评价、对评价结果的反馈、对组员进行鼓励和帮助。只有集体和部分之间职责明确,小组活动才能像一个机器一样有序进行活动。小组成员之间的职责模糊就容易造成组员工作重复、推脱责任、消磨时间等现象的产生。对此构建个体职责十分有必要,主要包括以下几个步骤:确定小组成员;学生自主选择;倡导个体展示;观察整体协作;明确小组任务。至此,小组成员的个体职责构建完毕,下面就开始进行小组协作学习。

4)交流技能的运用:人际与小组交流技能实际是社交技能或与他人进行交流的能力的一种。为了进行高质量的协作,学生必须学会社交技能并应用于小组协作中,以促进相互间的有效工作。一般来说,外语教学上的小组协作学习往往都是一些任务型的学习方式,而这种任务又会涉及许多互动的内容。要使任务型学习以互动方式运转起来,人际与小组技能至关重要。所以在小组协作学习过程中,既要求学生围绕课程内容展开协作,又要求他们必须学会社交技能。社交技能具体包括信任、理解、支持、协调、建议等。社交技能的好坏与完成协作任务的质量是成正比关系的,即小组成员的社交技能越强,完成协作学习任务的质量就越高。

5)组织小组工作:小组协作学习离不开高效的小组组织工作。一般来说,小组运行的效果决定了小组工作的有效程度。小组运行就是小组协作活动的组织工作,教师在此过程中既要观察与评价,还要倾听与反馈,更重要的是鼓励与指导。因此,教师在此工作中起着举足轻重的作用。

在计算机网络的支持下,学生可以突破地域和时间上的限制,进行一系列的协作性学习活动,如小组讨论、同伴互教、小组练习、小组课题等。基本的协作学习模式有多种,基本形式包括:竞争、协同、角色扮演、小组评价和问题解决五种。小组协作学习的方式还有很多种,上述五种方式为小组协作学习的基本方式。在具体的外语教学中,可以根据实际的教学情况灵活运用。

(4)网络探究教学模式:网络探究教学模式(Web Quest Model)主要是依托互联网强大的信息资源来训练学生的探究能力。在网络探究中,学生可以最大限度地利用网络资源,主动发现未知问题,探究解决问题的方法,建构知识,习得外语。

网络探究学习的目的是要让学生充分利用时间,使用信息(不仅仅是收集信息)并帮助学生分析、综合和评价各种信息资源。

网络探究学习方式按学习探究的时间划分,包括短期网络探究模式和长期网络探究模式两种。短期模式(约1~3个课时)强调知识的获取和整合,学生获得并理解了一定量的有用信息,据此主动建构知识。日常教学常采用这种短期模式。长期模式的时间从一周到一个月不等,大多可用于小组合作课题研究。长期模式强调知识的拓展和提炼,学生通常要就一个完整的课题或任务进行有计划的信息搜寻并进行深入的信息分析和较为全面的知识重组。

网络探究教学模式的过程一般包括五个方面的内容,下面来分别进行具体分析。

1)选择合适的网站:在这一模式中,合适网站的选择对学生进行学习至关重要,因为在信息繁杂的网络信息中只有合适的网站才能够向学生提供恰当的学习材料,使课堂学习得到充分的延伸。

2)协调组织学习者和学习资源:协调组织学习者和学习资源是网络探究教学模式的重要组成部分,主要包括两个方面的内容,组织学习者,有效组织和合理安排学习资源。

3)激发学习者思考:一般在网络探究学习中,教师对任务的设计要全面化、真实化和有挑战性。

4)选用媒体:网络探究学习并不一定会局限于使用网络资源,也可以充分利用其他媒体(书籍、刊物等),从而达到探究学习的目标。

5)帮助学习者达到高水平学习期望:网络探究学习可以让学生在平时不敢想象的情景中进行学习,达到传统教学很难达到的学习效果,因为在网络探究时教师可以帮助学生搭建"脚手架"。总之,就是要帮助学习者超越其以前已具备的语言能力,以更有效地内化学习内容,自主地完成学习任务。

(5)网络灵活运用模式:每种教学模式都有其特定的优点和不足。具体选用哪种教学模式,不仅要根据师资、教学目标来选择,还要依据技术开发水平等条件综合考虑。因此,在设计和确定教学模式时,有时为了有利于实现教学目标,可以采用综合的网络教学模式,也就是灵活运用网络模式。我们在教学中应该注意发挥各类模式的优势,根据教学目标、学生情况、学习过程及教学条件等因素进行教学模式选择。

1)教学目标:教学目标是我们选择教学模式时,必须首先考虑的一个因素。当教学的核心目标是知识掌握时,可以更多采用以教师活动为主的教学模式,突出系统讲授和系统训练;当让学生形成某种态度或价值观是核心目标时,就要采用突出社会互动、情感体验的教学模式;当教学的核心目标是实际能力和方法的培养时,就要在教学中更多采用以学生活动为主的教学模式,突出学生的自主学习和主动探索。当然,外语教学的一堂课或一个单元往往会同时涉及多个目标,所以要灵活运用各种模式的组合。

2)学习情况:学生的情况和特点对于搞好教学至关重要,因为教学的最终目的就是培养人才。也就是说,教学模式必须根据学生的实际情况和认知发展水平来进行选择。外语教学有其自身的规律,与学习者的年龄、性别、性格、文化、能力、习惯等都会有一定的联系。通常情况下,外语程度不高的学生对所学目的语言的认知程度也较低,他们对教师的讲解和示范的依赖程度就相对高一些,因此要采用以教师活动为主的教学模式。相反,外语程度比较好的学生则可以采用以学生活动为主的教学模式,学生可以在已有外语认知能力的基础上,进行建构式学习。

此外,在选择教学模式时,尤其是选择某种信息化教学模式时,对这种模式的自主性、探究性、协作性和反思性等特点要进行充分考虑,以此来更好地引导和促进学生的自主学习。

3)学习过程:外语教学的一般模式的差异性就决定了外语学习的过程也相对复杂。不同的教学目标或任务,对学生和教师的要求也有很大的差异。这就需要在教学过程中激发学生的某种学习过程。教师要因材施教,依据不同教学任务的目标和要求,制订不同的学习方案,使学生的学习过程在一个稳定的大环境下有差异的进行。具体来说,如果所进行的学习活动主要依赖于较低复杂性的认知活动,那就可以选择结构严格的教学模式,即教师、教学程序对学生的学习过程做详细、严格的规定,比如程序教学、以教师为主的教学模式等。相反,如果所要进行的学习活动具有较高的认知复杂性,那么就要选择采用结构较松散的教学模式,即教师及教学程序的控制性较低,允许学生进行更主动、更开放的探索性活动的教学模式,如协作性学习模式、发现的学习模式、基于问题的学习模式等。

4)教学条件:教学条件包括很多方面,如教学场地、教学经费、师资力量、教材教辅、理论方法等。网络外语教学中要考虑的教学条件主要是指在教学上可能要用的设备和资源,如计算机、教学课件、多媒体教室、语言实验室、校内网络以及其他网络信息资源。

在选择教学模式时,一定要充分考虑到是否有足够的相应设备或条件可用于外语的教学活动,如哪些设备和教学资源可用于小组协作学习或哪些设备和资源可用于自主学习。同时,还要把设备和资源的应用与教学目标和学生特点结合起来考虑,这样教学模式的功能和效果才能充分地发挥出来,否则将会限制教学模式的应用效率。

(二)合理利用网络资源

现在生活中,网络为我们的学习带来了很多便利,因为网络具有信息量大、交际性强、知识更新快、趣味性强等特点。但是网络资源的信息量十分巨大,这就要求我们要合理筛选网络信息,促进自身学习能力的发展。在利用网络资源教学中,具体可以采取以下几种方式。

1. 加强电子交流。

(1)E-mail:通过电子邮件参加英语学习讨论组,这种方式可以通过学生之间、师生之间的交流促进英语学习,使师生在一个平等的地位上进行英语学习和交流。师生和学生之间可以通过电子邮件进行专项讨论、答疑解惑和思想交流。

除了与老师同学交流外,网上有很多英语讨论小组,学生可以根据自己的兴趣挑选自己的学习小组。这种交流扩大了学习的范围,对学生知识的了解层面也有很大的扩展。

这种交流方式最大的好处就是有助于学生在占有大量资料的基础上最大限度地使用目的语。通过启发诱导式的语言输入活动以及大量的语言表达使学生可以比较自如地交流思想。互动活动内容的选择应该有趣、实用,还要对学生来说具有挑战性,最好能与已有的知识、背景等相关,从而使新旧知识产生联系,形成互为关联的知识网络结构。

(2)BBS:电子布告栏(BBS)也是英语学习的一个有效途径,电子布告栏的作用相当于一个大的公告板,学生可以将自己学习中的困难、疑惑放到布告栏上,热心的同学和老师会进行解答。这种方式与电子邮件类似,但是覆盖的范围更广。人们对具体问题回答的角度、方式也有很大不同。

(3)Blog:博客(Blog)是近些年出现的全新的网络交互工具,是以个人为主线的交流平台。博客一般以日志的形式呈现个人感受与灵感。因此,教师可以通过个人博客的形式,建立学习交互共同体。博客属于大众化媒体工具,简单易用,可以作为教学交往园地的延伸,变成一个教师和学生探讨课程学习问题与困惑的平台。这种形式可以将学生置于较为真实的学习环境和学习共同体中,围绕共同关注的主题,自由发表意见,充分展现自我,形成相互支持的良性互动学习氛围。教师可以通过博客及时了解学生的心声和需求,以对话的形式走近学生,赢得学生的信赖,从而建立平等的伙伴关系。学生对这种交流沟通的方式还是比较认可的。由此可知,基于博客的交往在教学中是切实可行的,并对学习有促进作用。

2. 建立课程网站。网络教育资源的建设与开发,可以通过收集相关网络信息,丰富课程资源;也可以为学生提供教育资源网站,实现区域不同网站的互访和资源共享,让学生进行网络环境下的自主学习、探究学习和合作学习;还可以通过课程网站的建设丰富课程与学习资源,形成教学互动平台。下面通过双语教学网站来展示如何建设课程网络资源。

针对双语教学特点,在进行网络教学模块设计时,可按照学生模块和教师模块进行划分。学生模块主要包括记事本、在线测评考试系统、作业管理系统、师生交互平台(信箱和留言本)、智能答疑系统、辅助学习资源(网站、论文、教案)、论坛、信息模块,教师模块是在学生模块的基础上增加公告调查管理、作业测试管理、答疑留言管理、用户论坛管理。这样的设计使得网络平台处于一个开放的环境中,整个网站以一种自主、可控、丰富、灵活、开放、交互的教学环境为支撑。下面我们分别进行说明。

(1)记事本:记事本主要用于进行知识管理,学习者可记录学习过程中的感受、体会。让学生真正参与到学习的过程中去。

(2)在线测评考试系统:在线测评考试系统包括客观型试题和主观性试题。客观性题型由判断系统自动评分,主观性试题需阅卷人评分。学生可以在测评模块自动抽取试题,查看相关题目的在线解释说明,自己评分;考试模块则需教师设置考试时间及判分。教师后台管理分为三个部分:发布考试信息、试卷编辑、批改试卷。试卷数据库供学生查询成绩。

(3)作业管理系统:这个模块分为三个界面——需要提交的作业,已提交的作业,优秀作业范例。需要提交的作业界面显示的是教师发布作业的时间、内容以及对作业的具体要求等。已提交的作业界面主要显示作业批改的信息,即教师对作业的评价和反馈。优秀作业范例模块提供优秀作业,供大家学习参考。

作业提交采用无组件上传工具或FTP文件传输方式上传到作业文件夹,系统会记录作业名称及上传路径,教师可以在线浏览评阅。

(4)师生交互平台:这里所讲的师生交互平台主要是指通过课程信箱和留言本来交流信息,这样做的目的是便于实现分组讨论和协作学习。由学生来充当管理员,制订讨论奖惩制度。当然教师也可以参与其中,比如可以根据实时的需要再添加不同的模块。

(5)辅助学习资源:辅助学习资源包括课程教案、论文资源、网站资源三部分。课程教案可以下载教师的教案,方便学生的自主学习。教师将相关论文和网站收集、汇总起来,提供给学生查阅参考,从而扩充课程内容,拓展学生的学术视野和知识面。

(6)信息模块:在信息模块里,主要介绍英语学习资源链接及有关双语教学的动态信息等,如双语教学政策、双语教学研究动态等。

课程网站的建设有很多的优点,不但能丰富教学资源,而且可以为学生提供自主探究与合作学习的机会和平台。通过网络互动学习和交流,增加学生对知识的感性认识,更好地理解课堂教学内容,促进学生探究和解决具体学习问题的能力。但是,还要看到的是,网络资源的建设和开发有其自身的局限性,需要一定的外部条件和技术支持,所以要整合学校人力和物力资源,最终实现资源的共建共享。

五、多媒体教学

多媒体教学是现代英语教学的重要发展领域,对其的了解和掌握能够丰富英语教学实践,提高英语教学效果。

(一)多媒体英语教学的基本概念

1.多媒体的概念。多媒体教学是随着科学技术发展而衍生出来的一种教学方法。多媒体是人们对传播媒体的广泛应用而产生的一个复合词和术语,随着科学技术的不断进步,多媒体的内涵也在不断深化。

在早期,教育技术中的多媒体是指语言、文字等传统教学媒体和各种电子类电教媒体,如幻灯、投影、电视、计算机等多种媒体。因此多媒体系统通常是两种或两种以上媒体的优化组合。

20世纪80年代中后期,多媒体计算机的出现使得多媒体的内涵发生了深刻的变化。近年来,社会上更为频繁地使用了多媒体的概念,这是因为人们有了把多种媒体的信息做统一处理的需要,并希望有交互控制的能力。多媒体是利用计算机传递的文本、图形、图像、声音、动画和影视信息的集合。从不同的角度出发对多媒体会有不同的描述。下面就列举几种常见的说法。

陈琦等学者认为针对不同的群体,多媒体的含义也是不同的。对多媒体创作群体而言,它是可以开发创作多媒体产品的技术和软件技术系统;对于技术人员而言,它是一系列硬件和软件的集成;对于多媒体用户而言,它是一种集成

第二章 现代英语教学理论与发展改革研究

了多媒体的以计算机为控制的技术。下面列举一些被普遍认同的定义。

按IBM公司所下的定义,多媒体是视频、图像、音响、图形和正文在多层次上的融合,通过计算机的制作使之相互感应。多媒体的关键是图像、声音和动画的组合,形成人们相互使用的一种学习工具。多媒体计算机可向用户终端传送文本、图形、静止图像、动画、声音等多媒体信息,以多维、多角度、多方式展现传送内容。

Sun Micro System公司的Jeer Morgan认为,"多媒体是为了知识创造和表示传统的计算机媒体——文字、图形、图像及其分析与视频、音频信息交互作用的结合体。"

Apple公司的Wollaston认为,"多媒体是文字、图形、动画、视频和音频信息的结合,而计算机则是将它们连接起来的胶水。"也就是说,多媒体是计算机上的文本、图像、音频、视频和动画的总和。

2.多媒体技术的特点。与传统的计算机技术相比,多媒体技术具有如下特点。

(1)交互性:交互性是指人和计算机能进行对话,以便实现人工干预控制,这是多媒体技术的关键特征。由于图形技术的飞速发展,图形界面成为人机交互的主要方式,鼠标、键盘、触摸屏使人机接口更趋自然,各种媒体在屏幕上展示的方式更易于控制。

交互性是我们获取和使用信息由被动变为主动的最为重要的表现,学习者能根据自己的需要来进行有效的控制。在早期单一文本空间中学习时,学习者只能"使用"信息,而很难做到控制和干预信息的处理。当交互引入时,活动本身作为一种媒体介入了信息转变为知识的过程,学习者借助于活动,获得更多的信息。

(2)集成性:多媒体技术的集成性不仅指多媒体系统的设备集成,而且也包括多媒体的信息集成和表现集成。

多媒体技术能将不同的媒体信息有机地进行同步组合,成为一个完整的多媒体信息系统,也能把不同的输入媒体和输出媒体集成在一起,形成多媒体演播系统。

多媒体技术中的单项技术在多媒体出现以前都可以单一使用,但很难有所作为,原因在于它们都是零散的、不完整的。当多媒体将设备、信息和表现集成起来以后,1+1＞2的系统效应显现得十分明显。

(3)实时性:由于多媒体技术是多种媒体集成的技术,其中声音及活动的视频图像是和时间密切相关的,这就决定了多媒体技术必须可以支持实时处理,如播放时,声音和图像都不能出现停顿现象。

(4)数字化:早期的媒体技术在处理音像信息时,采用模拟方式进行媒体信息的存储和演播。但由于模拟信号的衰减和噪声干扰较大,且传播中存在着逐步积累的误差,因此模拟信号的质量较差。而以计算机为中心的多媒体技术以全数字化方式加工和处理多媒体信息,精确度高,播放效果好。

多媒体技术是基于计算机技术的综合技术,它包括数字信号处理技术,音频和视频技术,计算机硬件和软件技术,人工智能和模式识别技术,通信和图像技术等。它是正处于发展过程中的一门跨学科的综合性高新技术。

3.多媒体英语教学的相关术语。

(1)AI(人工智能):人工智能(Artificial Intelligence)是计算机科学中的一个分支,主要研究如何使用计算机模拟人类的智能进行工作。主要领域包括自然语言处理、专家系统、神经网络、机器人技术、人机对弈等。现代多媒体外语教学中利用了大量的人工智能。倘若没有人工智能,所谓的多媒体技术便只能是简单的几种媒体的堆积。

(2)CAI(计算机辅助教学):计算机辅助教学(Computer-Assisted Instruction)通常指利用计算机辅助任何学科的教学(包括语言教学)。这一术语在教育学领域使用较广,更强调"教"。CAI是在程序教学和教学机器的基础上发展起来的。最早提出教学机器设想的是教育心理学家桑代克(Thomdike)。1958年,IBM(International Business Machines Corporation,国际商业机器公司)设计出第一个计算机教学系统,标志着CAI的开始。

(3)CALT(计算机辅助语言教学):CALT(Computer-Assisted Language Teaching)侧重于计算机辅助的"教"。CALT还可以是:计算机辅助语言测试,或计算机自适应式语言测试(Computer-Assisted Language Testing or Computer-Adaptive Learning Testing)。计算机可以判断学习者语言能力,并根据学习者的语言输入决定下一题的难度值,从而真正测试出学习者的语言水平。

(4)CBT(基于计算机的测试):CBT(Computer-Based Testing)类似于CAT,它可以是语言测试,如基于计算机的托福考试(TOEFL,CBT),也可用于其他学科。

CBT还可以指基于计算机的训练(Computer-Based Training)。它常指用来训练某一技能的计算机程序软件,语言教学或学习中很少用这一术语。

(5)CMC(计算机辅助交际):CMC(Computer-Mediated Communication)是一种通过计算机和网络进行交际的活动,其目的是完成特定任务或实现人际交往。这种交际活动并不特指学习活动,但目的语学习者可以通过CMC向本族语者讨教一些目的语的真正含义,或与另一目的语学习者共同学习和讨论所学语言问题。CMC的交流方式可以是异步的(asynchronous),如通过电子邮件或电子公告板(BBS),也可以是同步的(synchronous),如利用Moos等系统,通过在线聊天或组合式软件实现世界范围内的共时交流。

(6)CMI(计算机辅助教学):CMI(Computer-Mediated Instruction)是一种借助计算机达到教学目标的方法,学习者通过计算机与远程的教师进行交流达到学习的目的,教师利用E-mail、BBS、Chat room、Blog等网络手段进行教学活动,使学习者获得语言知识、语言技能。CMI是一种以教师为中心的教学方法。

(7)ICALL(智能计算机辅助语言教学):ICALL(Intelligent Computer-Assisted Language Learning)是在CALL后出现的一门新的交叉学科,其目的是应用先进技术,特别是自然语言处理(NLP)来解决语言学习中的问题。

(8)CAL(计算机辅助学习):CAL(Computer-Assisted Learning)是在CAI的基础上发展起来的。与CAI相似,CAL指的是利用计算机辅助任何学科的学习(包括语言学习),但与CAI不同的是,CAL更强调学习者的"学"。

(9)CALI(计算机辅助语言教学):CALI(Computer-Assisted Language Instruction)强调利用计算机如何"教"好语言,提高教学效率。这一术语在北美地区使用较多。

(10)CAT(计算机辅助测试或计算机自适应型测试):CAT(Computer-Assisted Testing or Computer-Adaptive Testing)的作用类似于CALT(计算机辅助语言测试),只是CAT不一定为语言测试,可以是各学科基于计算机的测试。

(11)TELL(技术支撑的语言学习):TELL(Technology Enhanced Language Learning)指利用现代教育技术作为主要支撑手段促进语言学习,包括在语言教学中使用的录音机、录像机、语音室等数字化技术,信息技术,网络技术等。

(12)WELL(互联网支撑的语言学习):WELL(Web Enhanced Language

Learning)指利用互联网为主要支撑环境的促进语言学习的教学手段。

(二)多媒体教学设计及应用原则

1.基本教学原则。无论何种教学方法,都要符合语言教学规律,遵循外语教学的原则,多媒体环境下的外语教学也不例外。这些基本的语言教学规律包括以下几个方面。

(1)以学生为中心原则:这一原则强调学生是学习过程的主体。多媒体技术应以学生为中心,为他们的学习活动提供环境支持。在多媒体外语教学中应让学生积极参与语言学习活动,主动建构知识与意识,按个人实际水平和特点,选择所需语言学习内容,自我安排学习进度。如通过人机交互,学生自己动手操作,积极思维,进一步激发、增强学习内部动机。学生在语言学习过程中如遇到问题,可通过教师或与同学的讨论或人机对话加以解决。教师在多媒体学习环境中起着合作者和中介者的作用。多媒体外语学习内容密度高、容量大,要以学生为中心,科学地掌握教学进度,及时地了解学生的学习效果的反馈信息并对教学进行适当的调节,这样才能使多媒体外语教学获得显著的效果。

(2)情景与交际性原则:语言学习与一定的情景相联系。外语学习不仅是语言知识的积累,更是语言交际能力的提高,而交际能力的培养需要学习者在真实或半真实(即模拟)的语境中,不断练习和使用所学语言知识及技能。真实的情景可以激发学生的联想思维,利用自己原有认知结构中的有关经验,去同化和探索新知识,从而在新旧知识之间建立起联系,并赋予新知识以某种意义。一般认为外语学习的目的是为了交际。要掌握外语这种交际工具需要不断提高听、说、读、写、译等方面的能力。目前的信息技术已渗透到了外语教学的各个领域,并发挥技术优势支持语言的交际活动。要充分发挥计算机与人的交互性,利用多媒体电脑的强大功能,学生们不仅可以和多媒体电脑设置的虚拟人物对话,还能依据电脑的评判(包括语音、词法、句法甚至习惯用语)修正自己的错误。这对于学生表达能力的提高是十分有益的。

(3)合作学习与情感原则:师生之间的交流、学生之间的合作是外语学习的重要途径。它意味着教师、学生积极参与合作学习过程,完成学习任务。多媒体及互联网的强大互动功能已使跨时空、跨区域的合作成为现实。具有良好交互性的外语多媒体教育软件,应为学生创造出一定的合作学习环境。由此,学生可与其他学习成员进行问题的讨论,充分理解学习内容,获得需要的学习资源、交流方法,更重要的是让学生在和谐的人际交流过程中,提高语言的交际能力。外语学习中的情感因素包括学习者的动机、态度、兴趣、注意力等。二语习得研究表明:积极的情感因素能促进语言的输入,消极的情感因素对语言输入起了过滤作用。利用多媒体辅助教学,从教学的内容和教学的手段上看确实能激发学生的学习动机,提高学生的学习兴趣,吸引学生注意力。同时,多媒体教学为我们提供了克服传统教学弊端的全新的教学方式,使抽象的、枯燥的学习内容转化成形象的、有趣的、可视的、可听的动感内容。但如果教师不能正确地看待多媒体在外语教学中的辅助作用,一味地依赖于多媒体,忽略了师生间的情感交流,久而久之,学生也会对学习失去兴趣。

(4)立体输入原则:这一原则应当体现媒体使用的多样化、教学方法的灵活性、教学目标的多维性、学生能力培养的多面性,听、说、读、写、译各有侧重又全面发展,训练方法的立体交叉性等。利用多媒体进行全方位、多感官的信息输入,使学习者最大限度地接受语言信息,自然习得语言。此外,各个媒体之间的关系应该是相互补充、有机结合的。在进行某一知识内容的教学过程中,某两种或两种以上的教学媒体可以结合使用。

(5)系统性与最优化教学原则:教学遵循学习内容系统化,教学目标渐进化,实现识记、感知、理解、运用、创新的递进。外语学习是一个循序渐进,从初级到高级阶段发展的连续性过程。在多媒体外语教学中,各种媒体资源和网络资源十分丰富,与教材配套的教学光盘、多媒体教室及网络系统可为师生提供丰富的、具有渐进性和系统性的教与学资源。教师在组织教学材料时应根据学生的水平和需要,有交织的适应性,教学难度应是不断提高的,并能自动跟踪学生的学习进度,发现学生的学习困难,并给予帮助。系统性的目的是使教学最优化。在某一方面知识内容的教学中,几种教学媒体都可用的情况下,选用教学效果最好的媒体。最优化的教学原则应体现在:教法选择最优化,结构安排最优化,角色搭配最优化,具体运用最优化。针对在非母语环境下进行外语教学的现状,努力营造轻松自然的语言氛围,促进语言习得。

(6)文化原则:跨文化意识的培养是外语教学的一个重要内容。语言与文化不可分割。外语学习的过程也是认识和了解目标语文化的过程。语言是文化的载体,文化是语言的底座。忽视目标语文化的学习,语言学习将失去意义。多媒体软件及国际互联网为外语学习中跨文化意识教学提供了十分便捷而广阔的空间。

2.多媒体环境下的学习原则。美国教育心理学家梅耶(R.Mayer)发表的多媒体学习(Multi-media Learning: Are We Asking the Right Questions)一文,提出了多媒体学习的生成模式,如图2-1所示。

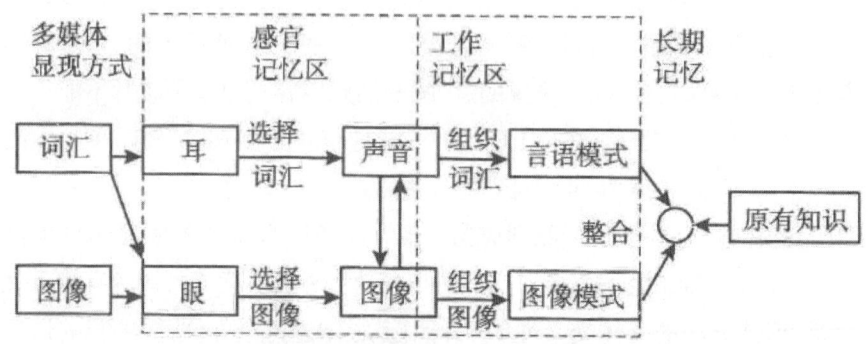

图2-1 多媒体学习的生成模式

按照梅耶的多媒体学习生成模式,多媒体环境下的学习分为言语学习模式和图像学习模式两条路线及信息选择、信息组织、信息整合三个部分。在此基础上,多媒体环境下应遵循以下几项学习原则。

(1)多媒体呈现原则:根据多媒体学习的生成理论,学习者同时接受言语信息和形象信息进行学习,比单独接受某一种信息更有助于对意义的理解。也就是说,言语加图像的呈现方式优于言语的单独表述方式。例如,在教授一个英语单词时,学生看着单词文本,听着教师的解说,同时还能通过幻灯、动画、影像等形式观看到与该单词相关的视频信息,其学习效果要比单独重复老师的带读和拼写或单独看文字材料介绍好得多。梅耶称这种结果为"多媒体效应"。多媒体效应与多媒体学习的认知理论相吻合,学习者在多媒体环境下学习能够同时建构两种不同的心理表征,即言语模型和视觉模型,并在两者之间建立联系。

(2)时空同步原则:在多媒体手段表述中,言语信息和视觉信息紧密结合的呈现方式优于两者分散的呈现方式。也就是说,相关的言语信息和视觉信息在同一时空内呈现,而不是分别或者依次呈现,更利于学习者理解和接受所学内容。梅耶举例说明,在了解自行车打气筒的工作原理时,学习者在听声音解说的同时观看动画演示,比在听声音解说之前或是之后看动画演示,其学习效果提高50%;学习者看字幕插图解说在同一页面上的文字叙述,比看字幕插图解说不在同一页面上的文字叙述,其学习效果提高75%。梅耶称这一结果为"时空同步效应"。此效应与多媒体学习的认知理论相一致,即相关的言语信息和视觉信息须同时进入工作记忆区,以便于建立相关的联系。

(3)注意分配原则:在多媒体环境下学习,声音解说比屏幕文字显示更具优势。此原则意为言词的呈现应该采用听觉信道,而不是视觉信道。学习者通过看动画和听解说的方式来学习,比既看动画又看屏幕文字显示的方式效果要高出约50%。原因在于当解说词和动画都以视觉方式呈现时,学习者在注意动画信息的同时,还要注意文字信息,这样就会促使视觉注意负担加重,从而形成视觉注意的超载现象,这样的结果就是造成部分信息丢失;而当文本信息和图像信息分别以听觉方式和视觉方式呈现时,学习者可以在听觉工作记忆区加工言语表征,而在视觉工作记忆区加工图像表征,从而减轻视觉注意的负担,形成两种感官注意力的均衡分配,有利于学习者对信息的接受和加工。这一测试结果被称为"注意分配效应"。

(4)个体差异原则:由于每个学生的特殊性,所有这些原则都不是万能的,也不会是最佳的。因为,这些效应的产生状况取决于学习者的个体差异。例如,原有知识基础较差的学生比原有知识基础较好的学生显示出更强的多媒体效应。根据多媒体学习的认知理论,原有知识基础较好的学生在听解说或者看文本时能够直接生成心理表征,所以无须呈现可视图像,他们便能从言语与图像紧密结合的呈现中获取知识。

(三)多媒体英语教学的基本方式

多媒体系统运用于英语教学,归纳起来包括四种基本方式:多媒体组合课堂教学方式、多媒体环境下个别化自主学习方式、多媒体网络教室环境下的探究学习方式和多媒体网络环境下的远程学习方式。下面具体来分析一下。

1.多媒体组合课堂教学方式。多媒体组合课堂教学方式是指利用多媒体计算机并与其他教学媒体有机组合,结合教学内容,向学生展示文本、图形图像、动画、视频和音频,使学生获得生动形象的感性材料,优化课堂教学的效果。多媒体组合课堂教学方式中主要研究一下几个方面的内容。

(1)为了使教师真正发挥主导作用,该如何设计教师的课堂活动。

(2)为了使学生成为课堂学习中真正的主体,该如何设计学生的参与活动。

(3)为了设计有助于学生参与、思考、探索的多媒体学习情境等,该如何发挥多媒体和非线性的特点。

2.多媒体环境下个别化自主学习方式。多媒体环境下个别化自主学习方式是指在多媒体网络教室的集中环境下,利用多媒体教学课件个别地、通过人机交互方式进行系统的学习。通常有如下方式。

(1)利用多媒体教材进行自主交互学习,系统学习知识。

(2)利用百科全书类的多媒体产品进行资料的浏览,扩展知识。

(3)利用多媒体教学游戏软件,进行探索和发现学习。

在学习过程中的特点是:在超链接结构的环境下,主要依赖教学系统本身的指导和导航策略进行学习,接受多媒体信息的刺激,依靠自我评价和反馈信息控制学习进程。

3.多媒体网络教室环境下的探究学习方式。多媒体网络课堂教学环境改变了传统的课堂教学模式,将现代教学思想及教学模式这一崭新的课题引入教学过程,从而使教学方式与教学过程发生了重要的变化。主要体现在四个方面。

(1)学习方式的变化:在多媒体网络教室环境下,学生查找、浏览计算机的多媒体资料是网络教学环境最重要的学习方式。学生与计算机之间进行交互学习,学习的重点在于理解、发现和练习等。学生能够根据自己的实际情况来对知识的深度和广度进行掌控,学生的主观能动性得到充分发挥,学习兴趣和效果也大大提高。

(2)指导方式的变化:在多媒体网络教室环境下,教师的指导主要是通过控制平台的屏幕播放功能来实现的。教师通过控制平台把教学内容播放给全体、某组、某个学生,教师可在自己的屏幕上移动"教鞭"(如鼠标指针),引导学生观看重点内容。

(3)监控和组织教学进程的变化:在多媒体网络教室环境下,教师通过控制平台的屏幕,随时监看全体、某组、某个学生的屏幕内容。教师也可以将某学生的屏幕内容转播给其他学生看,把计算机"演示"、教师"指导"和学生"操练"融为一体。教师可以控制学生计算机,有效地组织教学进程,实现科学的教学管理。在此过程中,教师实现了更加有效地组织和监控教学过程的目的。

(4)组织协商讨论:教师可以利用多媒体网络的通信功能,把某学生作品分发给其他学生,让学生们进行评价和专题讨论,将学生参与的积极性充分调动起来。

4.多媒体网络环境下的远程学习方式。多媒体网络环境下的远程学习方式主要是在因特网环境下进行，它打破传统教育的时空和年龄限制，使学习者可以在没有围墙的学校学习，共享国内外最好的学校、最好的教师、最好的课程。

这种学习方式，打破了教师和学习者之间的空间限制，实现了实时或非实时的交互，使教师的"教"和学生的"学"可以在不同地点同时进行及相互交流。学习者完全可以根据自己的实际情况，自主自由地安排自己的学习时间、地点，甚至是学习内容。能合理高效地制订符合自身情况的学习计划，随时提出学习中的疑难问题并得到及时的解答。多媒体网络环境下的远程学习方式是以学习者为主体的自主学习环境，能充分发挥学习者自主学习的主动性、积极性和创造性。

(四) 多媒体在英语教学中的应用

多媒体用于英语教学，有很多的优势。在今后的英语教学实践中，我们要充分利用多媒体的多重优势，设计与之相应的教学活动，通过语言环境的创设和语言知识的输入及运用，使外语教学由单向知识传授向多维信息互动传播转变。

1.创设语言环境。我们知道，语境对语言学习至关重要，它是语言赖以生存和发展的环境，也是语言运用的环境空间。从含义上讲，语境有狭义和广义之分。

狭义的语境是指语言中的上下文语境（linguistic context），即词语或句子所存在的具体话语。

广义的语境是指语言的客观环境（context of situation, context of culture），即语言的社会文化背景。

从语言学习的环境看，语言环境可分为宏观的语言环境和微观的语言环境。宏观的语言环境是指自然的语言环境（家庭和社会），微观的语言环境是指课堂语言学习环境或氛围。一般情况下，人们可以在自然状态下学习运用语言，即通过各种形式（亲友同事相处，日常工作交往，各种社会活动的参与等）和多种媒介（电视、报刊、广播等）自然习得语言。

我国的英语学习者大多缺乏宏观的语言环境的熏陶，教师应精心创设较为真实的语言环境,通过语境化语言输入帮助学生感知、理解语言。语境化输入是指通过创造合适的语境向学生输入语言材料,让学生从语言生成的背景和语言交流的语境来理解语言,从而真正掌握语言的规律、得体地使用语言。

多媒体集多种功能于一体,表现力强,其图文并茂、声像俱佳的特点,能为学习者提供大量较为自然真实、生动形象的语言信息以及与之相匹配的情境信息,使学习过程生动有趣;同时可以多层次、多角度地呈现教学内容,对学生视听觉感官形成共同刺激,为其提供必要的学习支持条件,使学生在情境与语言输入之间建立联系,促进他们对知识的理解和掌握。

在英语教学过程中,教师可根据学生的年龄特点、认知水平和语言学习规律,选择适宜的媒体和形式,通过任务情景的创设提供丰富的语言环境,从而使学生获得有用的语言知识和技能。

例如,教师可利用视听媒体为学生提供不同场景下的社会活动场面(如节日、野餐、郊游等),让学生身临其境地感知语言的运用,指导学生从立体多维的信息中归纳出不同交际场合的交际规范和表达方式,使枯燥的规则与生动的场景相融合,从而激活他们的语言思维,并能学以致用,在展现自我的过程中学习和运用语言。当然,也可以做观后讨论,通过分析使学生了解中西文化交际的差异以及原因。这样既可以激发学习者的学习兴趣,又可以增强其对英语文化的敏感性,从而有效地获得语言知识和语言运用能力。

2.增加语言输入和运用机会。学习的最终目的就是运用,英语作为一门实践性很强的学科,包括口头交流和书面语言的交流。要想把英语运用自如,首先就必须给学生提供足够的、可理解的语言输入,让学生在感知语言的过程中掌握语言知识,为语言的运用奠定基础。

(1)运用多媒体进行英语教学:能在有限的时间内增加语言的输入量和提供学习者实践的机会。

教师可以充分利用这些丰富的资源为学生提供真实语料,使学生根据自己的情况(学习程度、兴趣爱好等)选择相关资料进行超文本自主阅读;也可以采取任务型阅读方式促使学生阅读,即给学生规定一定的阅读量或让学生做阅读后续活动(如阅读理解、要旨归纳、故事简述等),通过大量的语言接触增强学生的语感和阅读能力。

(2)教师可以选择电影、电视节目片断:并通过多种播放方式(如定格观看、无声观看、只听不看等)加深对语言信息的领会,同时轻松愉快地感悟语言的真实运用,掌握基本语言知识;并根据特定的情景设计拓展型练习,在情感交流、思想表达的过程中扩大语言的输入与输出量,最终提升学生的语言运用能力。

(3)教师还可以利用电子幻灯、投影等媒体展示语言信息及背景:展示时一边放映,一边有针对性地进行启发、诱导和讲解,通过画面和声音的有机结合,激发学生积极思维,帮助学生理解、掌握语言知识。举例来说,英语教学中的一个重要方面——文化教学,利用多媒体可以使原本枯燥的学习变得生动和深刻。教师可以搜集、存储、编辑相关文化知识,并以多种形式呈现给学生,让他们通过对比中西文化的异同进一步探究文化的深层内涵。

例如,可以利用PPT展示目的语国家文化的不同侧面(如建筑艺术、服饰饮食、文学绘画等);或者利用影片片断、CD光盘等介绍礼仪、节日庆典、民俗等;还可以从网上下载与教学相关的社会文化背景材料,以文化旁白的形式插入到课文讲解中,如讲解美国政治制度时,可以使用多媒体将共和党和民主党竞选的场景呈现给学生,这样就使得学生印象更加深刻。

现代英语教学改革为英语教学法发展奠定了基础,同时英语教学的发展又反过来推进了英语教学的改革。二者在英语教学工作中都有着重要的意义。英语教学应该和时代发展背景、人才培养需要紧密结合,因此需要教学工作者进行不断地努力与尝试。[①]

[①] 潘玉春,杨喜波.谈现代英语教学的发展趋势[J].教育探索,2004(6):78.

第三章 大学英语教学策略

第一节 英语教学策略的概念

英语教学策略分别包括教英语的策略和学英语的策略。但是，教的策略是要以学的策略为出发点的。因此，我们首先探讨以下英语学习策略的含义。该术语在中英文文献中出现的频率很高，foreign language learning strategies；learning strategies in foreign language learning；learning strategies in second language acquisition；learner strategies in language learning 等。必须指出的是我们关注的重心是学生学习英语的策略，而不是一般的学习策略，以上的这些术语不能把语言学习策略和一般学习策略区分开来。

什么是英语学习策略？"英语学习策略是英语学习者为了使英语学习取得更好的效果而采取的各种策略，它包括学习者为了更好的完成某个学习活动或学习任务而采取的微观策略，以及学习者对自己的学习目标、学习过程、学习结果进行计划、控制、评价等而采取的宏观策略。"以下是外国几种有代表意义的关于语言学习策略的定义。

Stem学习策略"使语言学习者采用的学习路径总的倾向或总体特征，而学习技巧是可观察的学习行为的具体形式"。

Weinstein and Mayer学习策略"使学习者在学习过程中为了促进其信息处理过程而采取的行为或形成的思想"。

Chamot学习策略是学习者为了优化学习过程、加强语言知识和信息知识的记忆而采取的技巧、路子或其他有意识的行为。

Rubin学习策略是学习者自己构造并直接作用于学习过程、旨在促进学习者语言系统发展的策略。

Oxford语言学习策略是"学习者为了学习更成功、更有目的、更愉快而采取的行为或行动"。

可见,我们很难找出一个大家都可以接受的定义,只能通过描述学习策略的特征和总结学习策略的内容来从整体上理解学习策略的具体含义。具体来说,我们认为应该从三个方面来把握学习策略。

第一,学习者策略是学习者为了学习第二语言或调控第二语言的学习而采取的语言学习行为。这些行为有的是可以观察到的,有的是外界不能观察到的。但是学习者自己能够描述这些外界观察的隐性行为。

第二,学习者策略包括学习者对自己的策略使用情况的认识,即策略意识。比如,在什么时候采取哪些策略,哪些策略比其他策略更有效。

第三,学习者策略是语言学习本身的认识,如语言学习者应该遵循的原则、语言学习的难点、重点等。因此,学习策略既是学习行为也是一种意识;它既包括总的特征和发展趋势,也包括具体的方法、措施、手段和技巧。总的特征对学习产生间接影响,具体计划对学习产生直接作用。对学习者策略的了解,并参与学习策略的研究,体现了英语教学领域对教学体系的反思和教育目标的深层思考。教育目标不仅仅是学生学什么,更重要的是如何学。学校培养的不应该是考试的巨人,实际生活中的矮子,而应该是善于独立思考、富于创新意识和能力的学习者。因此,对学习者策略研究主要有三方面的意义。首先,可以大面积地改进学生的学习方法,提高学习效果和质量,减轻学习负担;其次,促进学习潜能和智力发育较慢的学习者的学习,减少他们的学习困难;最后,促进教师的教学,教师通过理解学生的学习策略,调节自己的教学策略和教学方法,从而提高教学的效果。

第二节 英语教学策略的运用

一、实验的一般教学策略

实验对学习策略的探讨是基于这样的认识:教师的"教"要以学生的"学"为出发点。如果不对学生的学习策略有所认识,教师的教学行为就容易导致盲目性。何谓教学策略？袁振国主编的《当代教育学》认为：教学策略，是指在教学目标确定以后，根据一定的教学任务和学生的特征，有针对性地选择与组织相关的教学内容、教学组织形式、教学方法和技术，形成的具有效率意义的特定教学方案。教学策略具有综合性、可操作性和灵活性等基本特征。它包括如何选择和组织各种教学材料和教学方法，如何运用各种教学设备和手段，如何确定师生之间的行为程序等。教学策略是以提高教学效率为目的的。教学策略又可以分为普遍性策略和具体策略。普遍性教学策略指适用于听、说、读、写和翻译等各类课型的教学策略。教师传道、授业和解惑的主要场所是课堂，要进行有效的课堂教学，离不开教师对课堂教学的精心组织和合理安排，以确保课堂教学顺利进行；教师在课堂上通过开放性、发散性、理解性等系列问题来检查学生的复习情况和课堂上对新知识的接受情况；学生在学习过程中出现问题的时候，教师要采用各种方式鼓励和引导启发学生，激发他们的学习热情，使他们积极参加课堂活动，增强自信心；最终要对学生学习中存在的问题、任务的完成情况、目标的达成度和策略的使用情况等做出评估。因此，普遍性教学策略应该包括：组织策略、提问策略、激励策略和评估策略等。具体性教学策略是指用于培养学生听、说、读、写和翻译等能力的各种教学行为所使用的策略。贯穿于所有课型的一般教学策略包括：组织策略、激励策略、提问策略和评价策略。

1.组织策略。课堂组织是成功完成教学任务的主要任务之一。"离开了教师对课堂活动的有效组织，教学就不可能在有序的状况下正常地进行。掌握必要的课堂组织的技能和方法去安排课堂活动，处理课堂问题，这一系列教学行为的手段构成了课堂教学中的组织策略。它涉及教师的角色、课堂活动的组织和控制、教学模式和方法的选择等。"

2.激励策略。激励策略是动机成功的前提，是直接推动学习的一种内部动机，"它包括学习意向的选择，学习者积极参与，兴趣的保持和能力的持久等。激发学生的热情，学生积极参加课堂活动是有效教学的保证。激励策略就是激发学生学习兴趣，保持学生参与学习活动的方式方法"。

激励的方法很多，包括环节、教师的榜样、奖励和惩罚等。

3.提问策略。提问策略是常见的课堂交互活动。问题的提出，教师对学生回答的评估，以及对回答过程的控制，决定提问的成功与否。

有关问题的分类有很多，"如开放性问题和封闭性问题；浅层问题和深层问题;聚合问题和发散问题;信息问题、理解问题与评价问题;陈述性问题和推理问题等。这些问题对学生的认知水平和英语语言能力等方面的要求各不相同,问题有难有易,等待时间各有长短,反馈方式各式各样,所有因素都会不同程度地影响教学质量。"要做到有效提问,必须重视提问策略。提问策略可分为计划策略、问题设计策略、控制策略、评估策略。

"计划策略用来指导教师备课过程中对问题的准备,帮助教师确定提问的目的、提问的内容和问题的组织,对学生在回答中可能遇到的问题进行预测和准备适当的解答方案。"

"问题设计策略指帮助、教授有效发问的方式和技巧,包括:如何对问题进行简化、调节、追问、激发思维和增加挑战性等,使问题清楚易懂,符合学生的特点,有利于学生思维培养。"

控制策略是保证提问过程顺利进行的方法技巧,常见的有:排序、等待、提问、指向、全方位注意、提问不主动学生的诱导等。

评估策略是教授所采取的评价学生回答的方法,常见的有表扬、引用、身体语言、鼓励等。"课堂评估是一种有效的教学监控策略。它通过对学生学习过程的监控来提高课堂教学的效率。评估采用目标参照的方式,对学生的表现进行不记名评定,目的是通过课堂评估组织学生对任务完成情况、学习中存在的问题、策略的使用等进行反思,从而有效调节自己的学习方式、完善自己的学习计划,教师也从对学生的评估中获得相应的反馈信息,借以提高课堂教学的质量。课堂评估是课堂教学不可或缺的一部分,应该纳入正常的课堂教学中。评估以学生自评为主,教师指导为辅,将评估与听说读写的教学相结合。评估策略的作用很大程度上与课堂教学的内容有关,与学生的具体情况有关。"

二、实验策略开发

实验策略的开发首先应区分教学目标和学习目标的差异,鼓励学习者提出自己的目标。对不同的学习者提出不同的目标。原有的教学设计往往强调所有的学习者都完成相同的目标,而超媒体学习环境能够适应不同的学习目标;其次,重视内容与方法的相互依赖性。教学内容如概念、规则、事实等必须采用一定的方法结合起来考虑,互相匹配。遏制浅尝辄止、囫囵吞枣式学习的诱惑,抓住材料重点,进行深层学习;再次,利用各种机会对学习者进行指导监控,鼓励培养学习者学会如何学习作为教学达成的学习目标之一。利用教育机制把握各种教育时机以取得最佳教育效果。倡导互助合作式的、有意义的学习环境下利用真凭实据的问题。最后，着眼设计学习环境而不是选择教学策略。应该十分明确的是，我们不仅仅为了选择教学策略，而是为了创设学习者积极学习的现实环境。

格拉兵戈等人1993年在《学习环境设计指南》中提出了若干值得思考的主张。

（1）扩展学生对自己学习的责任感：包括允许学生自己决定自己想要学习什么；让学生能够管理好自己的学习活动；让学生在学习时能够互相帮助；创设非威胁性的学习气氛；帮助学生发展元认知意识。

（2）使学习富有意义：包括最大限度地利用现有知识；在现实情境中使教学有固着点；提供内容学习的多种方式。

（3）促进积极的知识建构：包括利用活动促进高层次思维；鼓励审视不同的观点；鼓励创造性、灵活的解决问题；提供学生呈现学习过程与结果的机制。

三、具体教学策略

具体用来培养学生听说读写能力的教学行为称作具体教学策略。下面就将分别介绍一些关于听说读写技能的具体的教学策略。

（一）听说教学策略

听说教学策略指有助于培养学生听说能力的课堂操作模式和技巧。听说读写是英语教学中需要培养的学生基本能力，之所以是以从听到说到读到写这样一个顺序排列，是有科学理论根据的，是外语教学必须遵循的客观规律。任何一门语言的掌握，如果背离这个原则，学习效果都不理想。因此，英语教学实验给予儿童听说能力的培养以优先权，提出听说领先，读写跟上的教学原则，可见，听说教学在实验中的重要性。听说教学有哪些教学策略？根据实验的教学原则，实验指出，应该遵循听力教学自身的规律，掌握以下教学策略。[1]

1.建立听的训练体系，扩大听的输入渠道。"在美国语文教学中，教师提倡在教室中划出一处利于开展活动的角落，称为语文中心，几乎每位学生都可以在活动中心学习并逐步增强语文能力。"在活动中心，学生们联系、复习或者扩展各种技巧。一般语文教师都喜欢在活动中展开游戏教学，他们称之为游戏百

---

[1] 吴思强．英语听说教学策略[J]．山东外语教学，1993(4):69-71．

科,每个游戏百科的部分都设计有五个活动中心,每个活动中心的指导步骤都包括写给学生看的相关活动的咨询,而且这些指导步骤以图示方式贴在活动中心的展示板上。活动中心的优点是有效的利用学习时间培养口语和听力能力。因此,对儿童倾听能力和习惯的培养是实验早期的重要目标之一。

2.大信息量的、以理解内容为目的的语言输入是决定儿童早期语言学习成功的关键。在听力教学中尤其要注意语言信息量是否满足了儿童求知欲和语言认知的需要。

3.情境教学,视听结合。实验强调,儿童听力的培养应该借助事物、动作、图画等直观手段,创设情景,帮助儿童获得图像式背景知识,有利于提高其理解力和强化刺激以加深记忆,同时也重视无视觉辅助的听力能力训练。视觉手段的使用对初学者的听力极其有帮助,应该多采用视频材料,少一些音频材料。必须指出,所谓视听结合,不可理解为一边看文字材料,一边听内容。这种方法只有在形式操练中有一定的效果,但对听力能力的培养收效甚微,不宜采纳。

4.激发学生参与听说的动机。任何活动的开展都离不开动机。制造实际的交际需要是刺激学生动机的方法。

5.听的具体教学策略。

(1)呈现阶段的听:在我们的课堂教学中,有相当一部分课的呈现是以口头进行的,这意味着学生从听入手学习。在这一阶段的教学中,要注意以下几方面:合上书本,静听口述,创设情景,使呈现的内容易内化、交际化;以旧引新,扩大信息输入量,增加听的机会。

(2)练习阶段的听:这一阶段要重视听的准确性,为尝试性的语言输出做准备。从听到回答相关问题、听后做动作或表演等。

(3)输出阶段的听:这一阶段要求学生对内容的意义有全面的了解,并且将它们内化成实际的语言使用能力。这一阶段的特征是材料的控制性减少,交际的内容增多,听的回答和说的回答密切练习,常见于角色扮演、问题讨论等形式之中。

(二)说的教学要领

通过对说的一般特点、交际本质和心理语言过程的分析,我们可更加明确说明教学的根本目的,即培养学生连贯自如地表达思想、进行口语交际能力;我们也能从科学的角度认识和设计说的教学途径与方法。

1. 重视输入,在听的基础上发展说的能力。培养说的能力应以充分的听为基础,这样,学生可以在频繁的语言接触中逐步内化规则,吸收扩大词汇,从而提高口头表达能力。

2. 从内容入手,组织交际活动。强调从内容入手,是让学生有话可说。通过训练,让学生做到有话能说,并善于表达,愿意表达。从内容入手,组织交际活动,需要向生活取材,为学生创造说的机会,激发学生说话的动机。教师利用生活的内容和需要组织交际活动,可以最有效的促进学生口语能力的发展。

开展以内容为中心的练习要求教师选好话题,以便把学生的注意力吸引到内容表达上来。努力创设说的生活情境,激发主动表达的兴趣,"练""演"结合,为从练习到使用创造切实的过渡。

3. 正确处理准确与流畅的关系。正确处理错误包括正确认识和正确纠正错误两方面的内容。一方面,教师要带头多说外语,要鼓励学生大胆开口,并积极反馈,谨慎纠错;使学生明白错误在所难免,越怕错越容易错的道理,消除心理障碍,使学生乐于开口;另一方面,教师要正确对待学生在表达中发生的错误。外语学习的目标是成功交际,而不是完美交际。因此,对待学生的错误时,首先要弄清楚学生为什么会犯这样的错误,这些错误有哪些特点?应该怎样克服?要分清楚错误的轻重缓急,经常性错误和偶发性错误等。不同的错误要用不同的方式对待。纠正错误不能以挫伤学生的积极性,打断交际活动为代价;不要过分注重学生的错误而忽视学生的正确表达。

(三) 阅读教学策略

近些年来由于有些学生对英语阅读的重要性重视不够,其不具备自主学习的能力,对学习策略知之甚少,因此,进行学习者思想准备阶段是非常必要的。首先,要改变英语阅读教学中重讲轻读,重知识教学轻能力培养的现象,让学生真正成为课堂阅读的主人。

阅读是一个复杂的过程,包括词的解码,对词的追踪理解和对词的意义建构,从单个词汇到句子和段落篇章的整体理解。对学生英语阅读能力的培养,就是要求他们获得以下几方面能力。

第一,对原文字面理解的同时,明白原文中所使用的词、词组、段落在它们特定的上下文中的含义。

第二,以原文为依据,对作者字里行间暗示的意义进行推断的能力。

第三，以读者的知识为依据对阅读材料进行推断性理解的能力,利用自己知识和所学的内容积极建构自己的知识体系的能力。

因此,影响学生阅读能力的重要因素有:学生的个人经历;学生的目的语基础能力;学生对社会、文化政治、经济历史的基础知识等。因此,我们在英语阅读教学的过程中必须对阅读能力有正确的认识,对学生的阅读基础真正了解,并在教学中充分重视这些要素的存在和所起的作用。那么,具体来讲,如何在英语教学中运用阅读教学的规律,培养学生的阅读能力?

1. 阅读教学目标化,主动合作。在阅读前要有明确的教学目标,在课堂上内化为学生的主体活动并适当地调整各种教学条件的运用和教学进程,使教学过程充分体现知识能力并重、因材施教、主动发展,合作教学的特点,最大限度地发挥学生的主体作用和教师的主导作用。

2. 重视目标准备活动,积极排除学生阅读过程中可能产生的障碍,放松学生的阅读心理。

3. 教学程序目标内化。课堂的基本程序是:定向引路→初读研讨→基本尝试练习→挑疑变式练习→重读解疑→小结强化。定向引路指教师根据具体教学目标,通过提出自学提纲、谈话等手段,为学生阅读教材、思考问题提出线索,指明自学方向;暗示阅读教材的重点和难点,引起学生探究的兴趣,从知识的新旧联系、内在联系上找到用功的着力点,并提出自学应注意的问题。

(四) 写作教学策略

写作是一个找到最有效的语言进行思想感情交流的连续过程。写作的客体不是一人一事一物,而是宇宙的万事万物。大至天文地理、人文历史,小至一草一木,无一不是写作所要反映的客观事物。写作者的语言知识越丰富,写作时就能越方便;生活知识积累越深厚,写作时就越顺利。因此,要能挥洒自如、下笔成章,词汇学、修辞学、语法学、语言学、一般写作原理、各种写作技巧等,所有这一切写作者都不能不学。写作要有复杂的技能。写作能力的构成不是单一的,而是各种能力的综合体。这种能力的综合体包括智能和技能。前者指思维能力和心理活动能力,后者指熟悉、掌握和运用各种技巧的能力。所以,写作过程中作者必须充分调动思维能力、生活积累、语言知识、写作技巧等多方面的储备。写作技能常常被认为是英语教学听说读写四项技能中最难培养和训练的。可以说,它是语言能力形成的更高阶段,但是,它又是基本的语言活动之一,是通过文字表达思想,进行交际的活动。因此写作既是英语教学的目的之一,又是英语教学的手段。英语教学实验给予写作教学高度的重视。而且,写出来的语言必须符合语言规范、逻辑性强、条理清楚等高标准。因此,写作能力的培养是一项较复杂、系统且持久的教学任务。

第三节 英语教学组织策略

人们习惯把外语教学质量不高归咎于教师,说什么教师的语言水平有限,教师的教学理论缺乏,不思进取,沿用传统教学模式等。诚然,教师对教学质量负有直接责任,但不应是全部责任,负责管理的教育行政部门、教育科研部门以及学校一级的领导班子都应承担相应责任,因为他们是教育的决策人,怎么导向教育、使用什么教材、怎么评估考核等都是他们说了算,即便是征求了一线教师的意见,最后还是他们拍板。所以,这里应谈一谈英语教学的组织策略。

一、课堂组织的原则与策略

(一) 课堂组织原则

1.选择适当的交互模式。课堂内的交互活动是教学活动的载体。交互模式决定着学生参与的程度。常见的交互模式有四种:全班集体活动(lock step)、同伴活动(pair work)、小组活动(group work)和个人活动(individual work)。为使更多的学生参与课堂活动,一般应以同伴活动或小组活动为主要活动模式,并在活动中经常变动伙伴。

2.指令交代适当。指令是对学生活动的指导。指令必须简短、清楚,适当配以演示。交代指令前必须保证学生都已将注意力集中到教师的身上。在混乱状态下,或当学生正忙着手中之事时,或当学生私自交谈时,不宜发指令。在交代活动的指令时应做到以下几点。

(1)新旧知识的连接。

(2)交代活动的方式。

(3)交代活动的目的。

(4)交代活动的操作步骤。

(5)交代反馈的要求。

(6)对指令的理解。

(7)交代活动时间。

(8)让学生清楚活动如何开始。

(9)监控学生活动。

(10)终止指令要清楚,同时教师要对学生的活动做出适当的评价。评价要以有利于学生建立自信、发现问题并且明确改进的方式进行。

(11)最后,要留给学生提问的时间。

(二)课堂组织策略

课堂组织是课堂教学的生命,课堂教学的成功离不开组织策略的有效使用。课堂活动由三部分组成:教学、管理和评价,这就要求教师不仅要具有驾驭教材的能力,还要有控制课堂的能力,即组织课堂和管理学生的能力,其中管理制约着教学和评价的有效进行,具有促进和维持的功能。

1.课堂教学策略。课堂教学策略的产生主要有两个途径:一是专家学者的研究成果为教师理解和接受,在此基础上形成具体的教学策略;二是教师的教学工作经验经过提炼和升华,普遍化为一定的教学策略。在英语教学实践中都应注意以下几种教学策略。

(1)先学后教策略:"先学"是指在教师简明扼要地出示学习目标、提出自学要求、进行学前指导后,学生带着思考题在规定时间内自学指定内容,完成检测性练习。这种"先学"不仅体现在课前,还体现在课中和课后。"后教"是一种基于"先学"的有针对性的教,它不是"教师讲、学生听",而是师生之间的边教边学,生生之间的互教互学。"先学后教"是对传统课堂的一个历史性改革与突破,它强调给予学生自主学习的时间、空间、方法,使课堂教学更有目的性和针对性,更加突出学生学习的自主性、能动性,能最大限度提高课堂教学效率和学生自主学习能力。

(2)学案导学策略:"学案"就是教师按照《课程标准》的要求,在一定的教学理论和学习理论的指导下,通过认真钻研教材和分析学情,以学生的学为出发点,把所要学习的目标、要求、重难点、学习方法和探究方法等要素融入学习过程中而编写的一个有助于引导和学生自主探究学习的方案。其实质就是教师通过"学案"来帮助学生掌握教材内容,搭建教与学的桥梁。它不仅仅是一份具有很强设计性的学习材料和案例的呈现,也是培养学生学习思维,提高学生自主学习和建构知识能力的一种重要媒介。"学案"不同于我们传统的"教案",它相对于"教案"具有其自身的特点。与教案相比,"学案"是为学生准备的,针对的是学生怎样学,在整个学习过程中学生是主角,为学生的自主探究学习提供必要的指导。而"教案"是为教师准备的,是以教师为中心,针对的是教师怎样教,为教师上好课做必要的准备。可见,"学案"与"教案"虽只有一字之差,但却有诸多不同。然而,两者也具有一定的关系,那就是"学案"是建立在"教案"基础上的,针对学生的自主探究学习而研发的一种学习方案,它不仅让学生了解本课的学习目标、重难点,指导预习,让学生能做好充分的准备,还可以用在整个课堂教学中,是一份很好的预习、学习、复习资料。"导学"就是指学生在教师及学案的指导下,自主学习,建构知识结构的过程。它一方面能对课本的知识内容制订出确切的要求,告诉学生哪些内容是应该记住的,哪些内容是难以理解的,直接标出必记的内容,对于难以明白的教给学生学习方法,这便是"导学"。"学案导学"是一种新型的教学策略,它旨在通过学生的自主学习,培养学生自主探究学习的能力。这样的导学以学生为本,使学生更有信心在有限的课堂时间参与交流合作、分享成果,为学生架起从"学会"到"会学"的桥梁。这种导学策略很重要,它能起到事半功倍的作用。

(3)精讲多练策略:传统的英语课堂教学,教材中有什么教师就讲什么,他们试图以教代学,造成的结果是虽然学生掌握了一定的语法与词汇,但听说等交际能力却很薄弱。英语是一门实践课,而不是理论知识课,英语教师不仅是语言知识的传授者,更是语言技能的培训者。而语言能力的培养只"听"不"练"是不行的。所以,教师应该试着学会放手,给学生留出足够的时间,即在讲明要点之后,多让学生反复操练。不管是听说课,还是阅读、写作或其他课程,都尽量给学生创造运用英语进行操练的机会。总之,在新课程背景下教师要转变观念,要少讲、精讲,力求少而精。

(4)形成认知结构的策略:知识教学的策略设计、选择和创造的思路主要来源于对人的认知规律的认识。在这方面,心理学领域关于认知发展规律和认知结构特征的研究,为教学策略的设计和实践提供了丰富的材料。以此为基础,教师应该理解,教学中所要形成的知识的认知结构的本质,在于建立知识之间内在的联系,这也是学习者感受知识意义的源泉。

(5)促进信息加工的教学策略:教学过程中学生的认知过程可以看作对信息的加工过程。如果将知识教学过程视作输入、储存、监控等积极的信息加工过程,那么就可以提出一些促进学生学习过程的教学策略,如陈述性知识的教学策略、程序性知识的教学策略、图式样例的学习和开放式训练策略等。

(6)小组合作学习策略:小组合作学习是以异质学习小组为基本形式,系统利用教学动态因素之间的互动,促进学生的学习,以团体成绩为评价标准,共同达成教学目标的教学活动。它强调每个学生的"参与"与"互动",这种小组合作互动学习为提高课堂效率提供了有力保障。与教师讲、学生听为主的全班课堂教学相比,小组合作学习避免了在班额过大、学生过多的班级中相当一部分学生由于没有参与的机会而不得不"旁观"与"旁听"这种局面。小组活动能营造一种互动的课堂效果和交互的情感气氛,使学生觉得更能发挥自主性,有更多更好的机会说他们想说的话。它能最大限度地调动所有学生尤其是学困生的学习积极性,让他们也积极参与到课堂活动中来。

(7)媒体手段运用策略:教师应该充分利用学校的设施,例如,多媒体和网络,改变传统的授课模式。传统的授课模式比较呆板,不直观,而多媒体不仅形象、生动,并且能够系统地描述事物的发生过程,视听相兼,动静结合。比如,教师在教授复数形式时,可以设计如下课件:首先在屏幕上出现一棵苹果树,然后教师问:"What's this?"屏幕上出现"It's an apple tree."接着树上掉下一只苹果在地上,屏幕显示"all apple",一阵风吹过,地上又落了几只苹果,屏幕上"an apple"中的"an"渐渐淡去,而"apple"后面渐渐出现不同色彩的"s"。这样,复数形式如何变换一目了然,也加深了学生的印象。另外,网络资源的丰富性可以帮助教师随时找到需要的资料,比如,一段幽默英语小短剧,一个英语flash,或是一场别开生面的英语晚会,这样就增加了英语课堂的信息量。教师还可以利用网络同全国各地兄弟院校的教师多交流,达到教学信息资源和设备资源共享的局面。

(8)因材施教策略:受教育者因为先天禀赋和后天经历、阅历的不同构成了人与人之间的学习差异。只有坚持因材施教,才能保证对人的尊严和存在价值的尊重,才能适应受教育者的具体情况,真正让每一位受教育者得到公平的教育机会。课堂教学中,教师要根据不同认知风格的学生在学习信息的表征和加工组织方面所具有的不同优势与特点,既适应其特点,扬长避短,也要有意识地加以引导和调整。教师还要针对不同学习动机倾向的学生所具有的焦虑程度的差异以及他们对能力和自尊的理解的差异,有效的激发和培养学生的学习动机。

(9)教学模式的选择性策略:"选择"是教学策略的基本思想,教学模式正是基于这一思想形成的。教学模式是为实现特定的教学目标而对教学的各方面因素进行的选择性组合。因此,教学模式就是教学策略体系,选择教学模式也是对教学策略的选择。教学模式种类繁多,可划分为社会相互作用模式、信息处理模式、个人发展模式和行为主义模式等。教师必须掌握多种教学模式,然后根据具体的教学情境,选择最适当的教学模式。为此,教师需要掌握各种教学模式的理论依据、模式所包含的教学策略、模式的基本程序,并要了解不同模式的适应条件及其局限性。只有这样,才可能做出适当的选择。

2.课堂管理策略。课堂,是学生学习的主要场所,是教学活动进行的主渠道。课堂管理是教学的重要组成部分之一,教学效率的高低离不开课堂管理的好坏。所谓课堂管理就是指教师通过协调课堂内的各种人际关系从而有效的实现预定教学目标的过程。课堂管理是开展教学活动的基石,是有效教学的重要组成部分。课堂教学效率的高低,取决于教师、学生和课堂情境三大要素的相互协调。有效的课堂管理,要创设愉快的气氛,协调好各种人际关系,使整个教学过程对师生双方的心理及行为产生良性的影响,使教学活动顺利进行。课堂管理始终制约着教学和评价的有效进行,具有促进和维持的功能。促进功能是指教师在课堂里创设对教学起促进作用的组织良好的学习环境,满足课堂内个人和集体的合理需要,激励学生潜能的释放以促进学生的学习。有效的课堂管理促进师生及学生之间的对话和信息交流,从而促成学生知识经验的获得、心智的开启、能力的发展,以及教师课堂教育教学质量的提高。维持功能是指在课堂教学中持久地维持良好稳定的内部环境。良好的课堂环境有助于外在控制向内在控制转化,为学生形成自律心理机制创造条件,使学生的心理活动始终保持在课业上,以保证教学任务顺利完成。课堂管理是教师通过协调课堂内的各种人际关系,从而有效的实现预定教学目标的过程。教学和课堂管理是相互作用、相互影响的。课堂管理的目标是争取更多的时间帮助学生自我管理以取得最佳的学习效果。通常实现有效课堂管理目标的策略有以下几种。

(1)适时而教,合理分配时间策略:所谓适时,主要表现在五个方面:一是发展上的适时,即能够按照学生身心发展阶段适时给予学习的机会,既不过早也不过晚;二是起点行为的适时,即开始学习某一特定知识单元时,正是学生具备特定的起点知识、技能和态度的时候;三是及时,即在最适当的时间把握时机,并以最合理的方式及时引导学生获取最佳学习效果;四是进度上的适时;五是管理上的适时,即在适当时机对学生进行指导、辅导和管理。课堂的时间是固定的,如何在这个有限的时间,让学生拥有更多的学习时间,得到更多的语言操练,是教师一直在探讨的问题。教师在课堂上既要保证授课的时间,又要考虑学生消化的状况,只有处理好二者的关系,才能确保教学目标的完成。许多研究表明,学生课堂学习时间的质量与他们的成绩呈明显的正相关。因此,英语教师要合理的安排教学活动,留给学生更多合作学习和自主探究的时间与空间,使学生投入有价值的学习活动中,从而提高教学效率和质量。

(2)教学互动,保持教学流畅策略:教学过程是教师和学生之间的双边活动过程。教和学,正是在师生双方统一协调活动的基础上实现的。教决定着学,学影响着教,教学相长,相互促进。如果只有教师的主导作用,而无学生的主动性、积极性,是不会取得教学时间利用效率的提高的,反之亦然。为此,教师教学时要注意这样几点:第一,精心做好课前准备,包括设计教案,准备教具等;第二,按时上课,不迟到、早退,不占用教学时间批评学生;第三,适当安排学生讨论,并注意效果,防止学生处于失控状态;第四,精心提问,紧扣关键问题;第五,要讲究言语艺术,语词精练,重在引导。英语教学的流畅性是指不断的注意英语教学意义的连续性,在从一个活动转向另一活动时,使用尽量少的时间,并且给学生一个提示的信号,引起学生的注意。学生注意力分散和教师上课的不连续性有很大的关系,因此,教师在教学活动各环节的过渡上,要给学生一个明确的指令,让学生明白接下来要做什么,并且要求全班学生统一行动。

(3)规范课堂活动策略:形成课堂活动规范能帮助教师有效组织和管理课堂活动。教师是课堂活动和管理的实施者,所以在制订课堂规则时既要保证教学内容的完成,又要让学生积极投入教学活动中来。要让学生在理解和接受这些课堂规则的基础上,形成良好的课堂活动行为规范,使教师在组织活动时能指挥自如,确保师生配合默契,以使学生取得最佳的学习效果。

3.课堂评价策略。课堂评价是教育评价的重要组成部分。"教育评价"(educational evaluation)这一概念,由美国俄亥俄州立大学教育科学研究所教授泰勒

(R.W.Tyler)等于1930年首次提出。教育评价是根据教学目标的要求,通过系统地采集和分析信息,对教学活动的社会价值进行判断的过程。现代教育评价认为,教育评价以教育活动满足社会与个体需要的程度作为价值判断的准则,对教育活动现实的或潜在的价值做出判断。教育评价是一个过程,评价不是一次性活动,而是一个连续性的、动态过程。广义地说,所有构成教学活动的基本因素都应当是教学评价的对象,教师、学生、教学内容、教学手段和教学环境等都属于教学评价的范围。由于教师和学生是整个教学过程中最活跃、最积极的因素,因此,在教学评价中,重点是对教师和学生的评价。英语课堂教学改革明确要求教师在教学过程中应与学生积极互动、共同发展,要处理好传授知识与培养能力的关系,注重培养学生的独立性和自主性。教师应尊重学生的人格,关注个性差异,满足不同学生的学习需要,创设能引导学生主动参与的教学环境,激发学生的学习积极性,使每一个学生都能得到充分发展。这一要求构成了一个课堂教学全新的平台,对课堂教学也要采取相应的评价策略。

(1)关注学生学习行为的策略:一堂好课应以学生的发展来衡量,要求做到知识与能力同时发展,认知与情感和谐发展。所以,在新课程的背景下,英语课应该十分明确地凸现学生主体,以考查学生在课堂上的学习状态为主。一要看学生参与状态。既要看参与的广度,又要看参与的深度。就广度而言,看学生是否参与到课堂教学中来,是否参与了课堂教学的各个环节;就深度而言,看学生是被动地学,还是积极主动地探究;二要看学生的交往状态。在课堂上,学生的交往状态是完成各项语言活动的重要途径;三要看学生的思维状态。在课堂上,学生是否敢于提出问题、发表见解,综合运用语言知识和技能进行交流,获得信息,完成任务;四要看学生的情感状态。在课堂上,学生是否积极主动地参与活动,有没有适度的紧张感、愉悦感及自我控制和调节学习情绪的能力。这四个方面是相辅相成的,只有四大状态协调统一,才可能对课堂教学效果做出准确的评价。

(2)关注教师教学行为的策略:要上好一堂课,新课程理念很重要,因为理念决定教师在课堂教学中的具体行为。我们看一堂课是否成功,除了看学生的学习状态,还要看教师的教学行为。一看教学目标是否做到知识与技能、过程与方法、情感态度与价值观三个方面的内在统一,是否因材施教,按照多元智能理论制订不同层次的教学要求;二看教学内容是否体现基础性、现代性与综合性的统一；三看教学方法是否运用恰当，选择方法时是否以自主、合作、探究为标准；四看教学过程是否留给学生发挥主体性的空间与时间。

(3)关注教师教学技能的策略：一堂好课，还应该有教师"高超的教学技能"相衬托。教师高超的教学技能能使学生学得轻松、快乐、扎实、有效。这种高超的教学技能来源于教师的基本素养、刻苦的磨练和对教育事业不懈的追求。具体表现为：媒体的恰当使用、课堂的驾驭能力、语言规范、教态自然、板书端正等。

二、课堂提问的原则与策略

(一) 课堂提问原则

课堂教学提问，可以体现学生的主体地位，激发学习和探索的兴趣，变"要我学"为"我要学"；可以开阔思路，启发思维，创设研究、探索情景，帮助学生学习重点，突破难点；可以发挥教师的主导作用，及时根据反馈信息来艺术地调控课堂教学进程；可以活跃课堂气氛，增进师生的感情，促进课堂教学的和谐发展。提问是教师以问题的形式，通过师生的相互作用，运用知识检查学生学习的教学行为方式。它能引起学生的注意和兴趣，巩固知识，纠正错误，促进思维的发展。低水平的提问会挫伤学生的积极性，而高质量的提问可以培养和提高学生的认知水平和解决问题的能力，培养学生的自主学习能力，调动学生的学习积极性，激发他们进一步学习的动机。因此，教师在提问时要遵循一定的原则，才能起到应有的效果。

1.兴趣性原则。学生的学习兴趣是学习的内在动力，如果教师提问能激发学生的学习动机和兴趣，他们就有学习的原动力，这是启发教学的关键所在。为此教师要从教材和学生的心理特点出发，提出启发性和具有挑战性的问题。同时教师要善于抓住提问的最佳时间，激发和保持学生的兴趣。一堂课开始时，学生此时的思维还处于平静期，教师可以多提一些事实性或展示性问题（display question），这类问题大都是信息再现性的，有明确答案，不同回答者的答案大体相同，这样有助于激发他们的学习积极性和学习兴趣；当学生的思维处于高度活跃的时候，可以多提推理性、开放性或参考性问题（referential question），这类提问要求学生根据材料发挥自己的想象，做出创造性的回答，没有固定答案，这就有助于学生分析和理解所学知识的内容，进一步强化学习兴趣，并使学生保持积极的思维状态;学生的思维一旦转入低潮,那就要提一些强调性、巩固性的问题,重新激发学生的学习兴趣和积极性,防止其厌学行为的出现。

2.适时性原则。课前提问能有效的吸引学生的注意力,立即营造出"紧张"的教学气氛。课前提问内容都带有复习性质,兼有导入新课的作用。课中提问需要教师审时度势,抓住机遇,是教师教学机智的体现。

课中提问最主要的作用在于一步步启发学生获得新知识。此外,课中提问还可以起到随时集中学生注意力的作用。

课末提问能有效的消除学生听课后的精神疲乏,促使学生兴奋,其提问内容都具有巩固授课内容性质,有画龙点睛、查漏补缺、强化要点的作用。

3.启发性原则。教学是一个由浅入深、不断提高的过程。教师的提问要有启发性。这类提问重在价值和意义,能启发学生的思考和求知欲,刺激绝大部分学生参与到活动中来,促进学生思维的发展,调动学生思维的积极性,引发学生自主探究,在探究中培养创造力,发展思维能力。根据课型与类别的不同可采用书面提问、连锁提问和换向提问等来启发学生思维。当学生的回答过于简短时,教师应追问,鼓励其解释、扩展和说明,从而不断地启发学生的思维。对于知识的难点、模糊点,进行有针对性的提问、点拨,以便有的放矢地帮助学生突破难点,帮助学生改变孤立的、片面的和形而上学的认识,从而形成辩证的、全面的认知结构。

4.整体性原则。提问是为了调动全体学生积极的思维活动,既要提问主动的学生也要提问不主动的学生,不应置大多数学生不顾而形成"一对一"的回答场面。有的教师习惯于"点名字—提问题—答问题"的方式,这样造成其他学生知道提问与己无关,就会不动脑思考,以致达不到提问的整体性效果。因而,教师应该多采用"先提出问题、后点名字"的方式,使全班同学都能够得到思维的锻炼。同时在提问之后要给学生留有足够的准备时间,以供其思考,否则会造成学生思考时间不足,回答问题的质量就不高,语言输出的机会就少。

5.科学性原则。课堂提问的问题必须符合学生的认知特点,适合学生已有的认知水平,运用学生能够明白的词汇,而且问题的答案要准确、清楚,切忌模棱两可、含糊不清。例如,低年级的学生对语法知识的学习还都比较浅显,如果教师在课堂讲课文中的例句时,提问主谓一致的原则是什么,那么学生就会茫然,因为这已经超出学生的认知范围,因而,类似这种提问就不符合科学性原则。教师在授课中,必须考虑大多数学生的实际水平,选择一个"最佳的智能培养高度"进行设问,使大多数学生通过努力思索后能够回答,即在学生"跳一跳能够得着"的高度上,以充分调动学生思维的积极性。

6.针对性和趣味性原则。课堂提问必须符合教学目标的需要,紧紧围绕课堂教学中心来进行。教师在授课前要精心设计提问内容与形式,充分考虑提问内容的难易程度、学生的年龄特征、性格、知识基础与水平能力。

对于一些学生熟悉的内容,提问要注意变换角度,使学生听后有新鲜感;对于更新颖的内容,要根据教学内容灵活采取问题方式,多运用疏导性提问、铺垫性提问等形式,使学生易于理解。

对于一般性的问题,应该引导学生独立完整地做出回答;对于难度较大的问题,提出后经过学生思考后尝试着回答。当学生回答不完整时再由教师补充。

7.层次性和互动性原则。层次性原则要求教师紧扣教学重点、难点和关键,分析教学内容的内在联系、逻辑顺序和学生已有的知识和能力,按照由浅入深和由感性到理性的认识规律,由易到难,循序渐进地设计一系列问题。像知识回忆、概念定义之类的低层次的机械记忆问题,答案都局限在课本知识的范围内,对学习一般的学生可以提这类问题。而对于高层次的认知问题,例如,分析应用、综合理解、总结评价类的问题,必须通过分析、比较、评价、应用、扩展、重组或总结等方法,改变已知信息的形式或组织结构,经过高级认知思维方可得出答案,对于这类问题的提问比较适合那些善于思考、程度较好的学生。

传统的课堂提问遵循着"教师提问、学生回答"的固有模式,学生的课堂行为受制于教师的指令,十分被动也会造成课堂气氛沉闷、压抑。因而,教师在提问时要有民主作风,让学生有插话和提问或发表不同意见的机会。提问时态度要亲切慈祥,以消除学生的紧张心理。教师要认真听取学生的回答,并做出激励性评价,要善于运用夸张的语气和鼓励的言辞去激发学生求知的欲望;要倡导学生向同学和老师提出问题,积极参与课堂活动,形成师生、生生互动的良好氛围。

(二)课堂提问策略

课堂提问是教师在课堂教学中,通过创设问题情境,设置疑问,引导和促进学生学习的教学行为方式。课堂提问是否有效取决于提问的策略是否运用得当,在提问的不同阶段即准备问题、提出问题、组织答案和提供反馈等,都应运用不同的策略。因此,课堂提问策略可分为四部分:提问计划策略、问题设计策略、提问控制策略和提问评估策略。

1.提问计划策略。教师在备课的时候对于提问的问题要做到提前准备,即便是经验丰富的老教师也要尽量这样去做,因为即兴提问,虽然比较灵活,但是往往会出现语言组织方面的问题,或是顺序安排缺乏逻辑性的问题,很难达到预定的教学目标。

2.问题设计策略。要教学生学会提出问题,教师就必须善于设计问题。教师在教学提问过程中设计和展示的问题的质量和水平,直接影响学生提问能力的发展。因此教师在开展"学问"教学的过程中,要注意讲究问题设计的策略,并将这种策略渗透到日常教学过程中去,有意识地引导学生掌握这些策略。因而,教师要尽力给予学生有趣的、具有挑战性和创造性的问题帮助学生理解课文,在设计问题时要注意以下几个方面。

(1)结合实际,讲究趣味性。

(2)由浅入深,体现层次性。

(3)突出主体,发展思维性。

(4)提问类型,注重启发性。

3.提问控制策略。控制策略是指在提问过程中有意识地调整提问的方式,对教学的内容和进度起着控制的作用。教师在提问时,应面对所有的学生,让所有的学生感觉到教师是在面对自己说话,从而集中精力于课堂活动之中。学生的性格各不相同,有的学生容易走神,有的学生比较腼腆,有的则可能爱做小动作。教师可以提问腼腆的同学,锻炼他们的勇气,唤回走神同学的注意力,同时也鼓励学生提出问题,有效控制小组活动,使教学得以顺利进行。当学生不能回答提问时,教师要了解学生的具体情况,适当给予提示和启发,帮助学生寻找问题的答案。另外,教师在提问时,要合理控制提问等待时间,给学生留有足够思考时间,同时应经常变换提问的方式、问题的种类、提名的顺序,使全体学生思维处于高度活跃和积极的状态,保持注意力。

4.提问激励策略。生活有多广,问题的范围就有多广。社会生活是复杂多样的,而学生生活的范围却是有限的、相对狭小的。因此在设计问题的过程中,教师要注意考查问题的性质和范围,分析它们与学生生活的关系,尽量选择他们生活范围中的问题,或他们向往的生活中的问题,以激发他们的好奇心和求知欲。当然他们生活范围以外的问题,也并非就不可选择,但一定要考虑它们与学生已有生活的联系,并注意问题的呈现形式与方法,要用学生容易接受的方式来展示问题,调动学生探索和研究的积极性。同时,教师要注意自己对问题态度的表达方式和学生集体对问题态度的引导,要努力创造一种宽容、协调、支持的学习氛围,让有问者敢问、愿问。

5.提问评估策略。评估策略是提问有效进行的保证,可以及时对学生的提问或回答给出应有的评价。为了使提问真正发挥应有的作用,学生回答问题后,教师一定要对学生的答案进行及时、恰当的反馈,学生也需要对自己的答问究竟是值得称赞还是要有所改进,甚至应当纠正等进行了解。教师对学生的答问评估常可以采用表扬、鼓励、引用以及使用非言语行为(如面部表情、身体语言等)来完成。教师的评价用语不能公式化,对学生答问的不同表现选用不同等级的评价用语,把对学生活动的真实感受传达给学生,使评价用语形成一个等级系列并成为课堂教学真实交流的一个组成部分。

第四章 大学英语知识教学

第一节 英语语音教学

语言的综合运用能力包括语言知识和语言技能两个部分,而英语教学的任务也就相应的落实在语言知识的传授和语言技能的培养两个方面。语言知识包括语音、词汇和语法三个方面,语言知识教学是英语教学的重要组成部分。在本节将集中讨论英语语音的教学。

自19世纪末英语国际音标问世以来,人们开始重视英语语音教学。在语言学界,对语言学习和语言教学认识的改变引起各方面的变化,其中包括语音教学。20世纪80年代中期以来,随着二语(外语)教学与研究及其相关学科的发展,英语语音教学在教学观念和教学方法上也发生了很大的变化。[1]

一、英语语音教学的意义

语音是语言教学的基础,离开语音,词汇和语法教学就无从谈起。语音能力与听、说、读、写等语言能力的培养有着紧密联系,对正确传递及接收信息起着重要作用。现代语言学把语音和语音系统作为首要的研究对象,因为语音在语言的两种形式(口语和书面语)中处于优先的地位。主要原因有三个,第一,口语(speech)的出现早于书面语(writing)。世界上有不少部落的语言并没有书面文字,但他们的口头语言之发达程度并不亚于有书写文字的语言;第二,说话(speaking)优先于书写(writing)。婴儿在学习母语的过程中,根本不需要学书写就可以学会说话。盲人可以从小学会说话而不需要书写。在人类一般的社交生活中,很多时候都是靠口语完成交际的。在看到别人书写的文字之前,往往

---

[1]孙美玮,司景方. 谈英语语音教学[J]. 黑龙江科技信息,2008(35):245.

先听到他讲的话;第三,不少语言(尤其是地方方言)的口语中有很多常用的词汇和概念,却没有相应的书面词汇能够表达;第四,书面语所无法解决的一些问题(如模棱两可等问题),口头语却能解决。因此,语音在语言的研究和学习中具有重要的地位。

语言是由声音和意义两个系统组成的统一体。在所有的语言中,语音或音段总是有意义的,而且少量的音能组合成大量的意义单位,这是人类语言区别于动物嘶鸣吼叫的最基本特征。例如,/ai/这个音可以被用来表示:①英语字母I/i的名称;②第一人称代词"我";③英语单词eye(眼睛);④可以与许多辅音组合,表示英文单词中的一个音段,如/bai/、/rais/、/sai/、/gai/、/hai/、/main/、/mait/、/pai/、/fait/、/sait/、/hait/、/hrait/、/kait/、/spai/、/dai/、/lait/、/in'vait/、/wait/。因此,语音不是孤立的,任何有意义的语音都代表着至少一个与之相对应的词,尤其是英语这样的字母语言。许多词汇的不同读音都表示不同的意思,如果把use读成/ju:z/是动词,如果读成/ju:s/就是名词。因此它在 I use a pen 中要读成/ju:z/,在 make use of 这个短语中要读成/ju:s/。同理 contact(联系,接触)读成/'kɔntækt/是名词,读成/kɔn'tækt/是动词。

由此可以看出,语音是整个语言系统的基础,如果不抓好语音基础训练,学生就无法辨析最小的语音单位,就不能正确地模仿和朗读单词,也就无法掌握正确的语音语调。这样学习英语,最终的结果只能是哑巴英语,不但费时费力,而且没有任何用处;其次,如果不掌握或不具备足够的语音知识,学生就无法顺利进入词汇的学习,因为许多单词的拼写规则以及与语法有关的词汇变化规则都与语音规则有着紧密的联系。

另外,从交际本身来看,语音教学也具有重要的意义。口头交际是人类交际的重要形式,与书面交际相比,口头交际具有方便、直接及反馈快的特点。口头交际的顺利完成依赖于诸多因素,例如,交际双方对所用语言的掌握,对交流内容的了解以及良好的心态和环境等,其中,对语言的掌握最为重要。口头交际是通过口语来完成的,而语音是口语的基础。准确、自然和清晰的语音能够确保对方准确容易地理解自己所表达的意思,加速信息的交流,进而实现交际的目的。而且,正确的语音也是一个人综合素质的体现,语音流畅,悦耳动人,既有助于人们之间的交往;也能给人留下深刻而且良好的印象。因此,语音教学是基础英语教学的重要组成部分。

二、英语语音教学的内容和特征

早期的英语语音教学注重音素(phoneme)和单词的发音。20世纪80年代后,随着交际法的发展,语音教学重点从音段音位(segmental features)转向超音段音位(supra-segmental features)(Pennington & Richards)。音段音位指音素,如元音和辅音;超音段音位指节奏、重音、语流和语调(Cruttendens)。我国教育部制订的《全日制义务教育普通高级中学英语课程标准(实验稿)》和《普通高中英语课程标准(实验)》(以下简称《高中课标》)已明确将音段音位和超音段音位作为中小学英语语音教学内容。有人主张将超音段音位作为教学重点,也有人赞成将音段音位和超音段音位结合起来教学。

英语语音教学往往是整个英语教学的起点,"语音关是教学的第一关"。对于英语学习者来说,学习英语语音往往也是学习英语的开始。因此,语音教学具有特殊性,其重要特征主要表现在以下几个方面。

第一,语音语调是口语的基础,语音语调学得怎么样,将直接影响学习者今后的口语能力。

第二,语音与词汇学习有着直接的联系,特别是单词的读音,与单词的拼写有着直接的联系。而词汇的学习又是整个英语学习的关键。

第三,语音语调是语言的外在表现。衡量一个人的英语水平如何,语音语调是关键因素之一。尤其在公共、公关场合的讲话,如果语音语调不好,容易受到公众自然、下意识、习惯性地排斥。因此,语音学得不好,容易使学习者在今后漫长的英语学习中不断萌发自卑感和消极情绪,不利于英语学习。反之,语音学好了,有利于学习者获得成就感,从而为今后的英语学习增强信心。

第四,语音语调风格一旦形成就很难重塑,正如乡音难改一样。而学习者的语音语调风格似乎又最容易定型。正如Nunan所说:"对于许多中等语言水平以上的学习者来说,语音语调似乎最容易发生石化(fossilized)现象。"

对上述英语语音学习特征的认识,无论从教师还是从学生的角度来说都十分重要。教师有必要在自己充分认识的基础上,使每一个学生清楚地认识到这些语音学习的特征,特别是第四条特征,这对学生的英语学习来说至关重要。如Stern所说:"事实已经证明,对语音语调的重要性的认识本身,就能起到鼓励学习者努力改善其语音语调的作用。"

三、英语语音的模式选择

英语有很多变体,诸如英国英语、美国英语、澳大利亚英语等。究竟为学生选择哪种英语口音作为标准?英语语音方面的权威著作 Gimson's Pronunciation of English 第六版的修订者克拉特登斯认为,教师首先要为学生选择学习的语音模式(英音、美音等),选择标准是这种模式应是大范围流通的、被广泛理解的、教科书中大量使用的并且有丰富的语音资源。要满足这些标准,英国语音(RP)就是恰当的模式。如果选择了 RP 模式,等等到学生的发音已经牢固建立后,再让他们接触美音(GA)。克拉特登斯的观点与《课标》的理念一致。

进入 20 世纪以来,基于美国在世界政治、经济和文化上的影响力,美国英语在全世界的影响越来越大。美国英语越来越风行,美音也成为我国众多英语学习者模仿的对象。周榕、陈国华的研究表明,虽然所调查的英语专业学生偏好美国英语,但他们的实际英语口音则是 2/3 为 RP、1/3 为 GA 的混合体,表现出更多的英国口音的特点。这是因为我国中小学教材的语音资料大部分是英音,教师们大部分也以英音为主。可见,英音在我国仍然占主导地位。因此,RP 仍然是我国中小学英语语音教学的首选模式。特别是在小学和初中阶段,让学生基本掌握 RP 发音,进入高中后,就可接触其他英语口音了。

四、英语语音教学原则和实践

(一) 单音教学和语流教学相结合原则

为了训练学生语音的准确性,进行一定的单个音素训练是有必要的。但是单个语音总是发生在一定盼语音环境之中,而且单个的语音也会在不同的环境有所变化,会出现省音、同化、连读、失去爆破、节奏等现象。另外,语音的教学内容还包括重音、语调等,而这些必须要在词汇、短语和句子层面上体现出来,因此,单音教学要和语流教学相结合,把单个的发音与单词、短语,甚至句子的读音结合起来。如孤立地发/i:/的音时,老师会强调它是长元音,发音时开口度要小,以区别于二号元音/i/。如果把孤立发音与单词发音相结合,学生就会发现,/i:/在/ri:d/中的发音并不像单独发音时那么强烈,也没有那么长。在单词单音教学中,要突出每一个音的练习,但在语流教学中,除了注意连读外,还要注意不完全爆破。如 an, old, doctor 三个单词的发音练习与 an old doctor 的语流发音练习就不相同。老师可以组织比较多的例子如 an ol(d)car, an ol(d) do(c) tor,las(t) night 等让学生练习并体会。

(二) 大声朗读与朗读艺术化原则

朗读作为一种传统教学方法,在母语和外语教学中占有重要的地位。高霞等的研究表明朗读涉及语言能力的各个层面——语音语调、词汇、句法处理能力、句子及篇章的理解能力,如使用恰当,朗读可以用来测试外语学习者的语言能力。因此,应将朗读作为一种重要的教学手段,用来提高学生的英语语音能力。虽然教师们常使用朗读这一方法,学生也会经常朗读,但从学生的英语语音水平和相关研究反映出的中国学习者在朗读中出现的各种语音错误可以看出,课堂中的朗读多是机械地操练。虽然在课堂上适当的带读、跟读等是必要的,但如果总是采用这种方式,学生容易感到乏味。首先,学生要养成大声朗读单词和课文的习惯,要求做到单词发音基本准确。更为重要的是要教会学生如何朗读。在所学的单元课文中,教学生如何划分意群、何时停顿、如何用适当的语调表达语境中的含义等;然后由教师绘声绘色地朗读给学生听,或听课文录音,要求学生模仿练习。也可以在班上举行朗读竞赛,激发学生的学习热情。如果课文内容是故事,可以请学生进行角色扮演,应特别强调语音语调要适合各个角色的特点。

纪玉华和许其潮倡导的朗读艺术课可以为教师们所借鉴。他们认为教师应将音际关系(指"省读"、"连读"、"失爆"和"同化")和音韵规律(指"重音"、"节奏"、"停顿"和"语调")的讲解和练习作为重点。让学生在英文歌词上标注重音、节奏、语调、省音、同化和连读等,然后朗读英文歌词,最后跟着唱,这种活动不但可以营造气氛,还可以提高学习兴趣,学生随着歌曲可以改进语音语调。另外,也可以在课堂上穿插讲故事、诗朗诵、演讲、演话剧等学生喜闻乐见的活动,形式要灵活多样、生动活泼。纪玉华编写的《英语发音与朗读教程》还着重介绍了各类体裁作品的朗读技巧。

(三) 大量输入原则和一贯性原则

大量输入真实的视听材料对英语语音的学习至关重要。多让学生听和看各种英语真实材料,如英语歌曲、故事和英语动画片等,有条件的家庭可以让他们接触英语本族语者,以此来培养学生的英语语音意识。语音的学习也受教师语音水平的影响,英语教师的语音能力很重要,因为他们的语音常常成为学生模仿的对象。因此,英语教师不仅要具有标准发音,而且要善于运用适当的语音语调传递信息。学生只有在良好的英语语音环境下，才能提高语音意识并习得漂亮的语音。

语音教学是一项长期的任务，需要根据学生所处的具体语言学习阶段，确定具体的语音教学任务，语音教学应该贯穿于整个英语学习的过程中。很多教师认为语音教学是初级阶段的事，这种错误的看法导致他们在教给学生简单的语音知识后就弃之不管，使学生缺少实践所学语音知识的机会，结果是学生虽然在词汇和语法上有了很大的进步，听说能力却停滞不前。

(四) 演绎法和归纳法相结合的原则

由于学生具有一定的理解和归纳能力，在语音教学中可以将演绎法和归纳法结合起来。请看下面关于句重音的一个教学课例。

1. 下面是一个关于污染的讲座。首先要求学生在每个短语或意群最重要的词(或音节)上点一个黑点。意群已经用斜线(/)分开。

"Let's continue our discussion of pollution./Yesterday we defined pollution./Today we'll talk about the impact of pollution/.…its far-reaching effects./Many people think that pollution is just a problem for scientists/but it's not just a problem for scientists./It's a problem that affects everyone./Because it affects human lives,/it's a health problem./Because it affects property,/it's an economic problem./and because it affects our appreciation of nature,/it's an aesthetic problem."

2. 然后听原文录音，检查自己的标注是否与原文录音一致。

3. 接着学生们根据录音模仿，尤其是句重读音节。

4. 小组讨论句重音的特点。想一想句重音还有可能会在哪些语境下发生。

5. 学生汇报他们发现的结果，然后由教师来总结。

在这个课例中，教师首先让学生接触语篇，让学生判断句子重音；然后根据这个段落的句子重音来发现和归纳句重音的特点，这属于归纳法；最后，教师的总结，属于演绎法。

(五) 适当使用英汉语音对比的原则

语音是语言的基本物质外壳和表达手段。要充分了解某种语言的本质，首先要懂得那种语言的语音特点。同样，如果要充分了解两种语言之间的异同，也必须对这两种语言的语音特点进行比较。英语和汉语是非亲属语言，前者属于印欧语系，后者属于汉藏语系，两者差异较大。对于这样两种语言的语音是否可以进行比较呢？答案是肯定的。因为人类的语言尽管千差万别,但语音都有共同的物理属性和生理属性,人类表达喜怒哀乐的方式也基本相同,在言语交际中人们也往往力图用最简便和省力的方式进行表达。因此,有许多语音现象,如语音的弱化、省音、同化、异化等在人类语言中都普遍存在,在英语和汉语中自然也不例外。这些条件构成英汉语音对比的可能性,同时,它们也是进行英汉语音对比的基础。

  英汉语音有一些相似之处,如英汉语都有元音和辅音,有些音的发音相似,但两种语言中大部分音发音不同。有些音英语有,而汉语没有,如双元音。英语双元音的发音是从前一音向后一音滑动,前长后短,前重后轻,动程比汉语宽,舌位变化大。中国学生在发双元音/aɪ//aʊ//eɪ//oʊ/时,通常会受汉语复韵母ai,ao,ei,ou的影响,后一个元音会发得更加响亮。汉语中没有的音如齿音/θ/和/ð/,中国学生常把/θ/发成唇音或/s/或/f/,把/ð/发成/d/或/z/。另外,英语和汉语在单元音、辅音和超音段音位方面的不同,也需要学生了解,避免受母语的干扰。在教学中可以采用显性教学法,例如展示发音部位剖面图,让学生直观了解英语音素的发音部位和发音方法,以及与汉语相似音的区别;还可进行单音训练或使用最小对立体的对比练习(如/p/和/b/,/t/和/d/,/I/和/iː/),尽量做到发音到位、准确,对错误发音及时纠正。英语和汉语中的超音段音位也有很大的差别。教师先比较两种语言中重音、停顿、语调等差异,接着做句子语音练习,然后进行篇章练习,即在诗歌、戏剧和故事中让学生大声地进行朗读练习,以避免机械、单调和无意义。

(六) 利用教育技术手段的原则

  任何时代的教育都存在一个传统手段和现代手段相结合的问题。关键是,要提高继续教育工作的效率和规模,就必须尽可能充分发挥教育技术手段的作用。例如,计算机、网络、多媒体教育技术等手段已广泛运用于英语教学中,在教学中使用这些技术作为英语语音教学的辅助手段,可以起到显著的效果。

(七) 趣味性原则

  教育家第斯多惠说:"教学成功的艺术就在于使学生对你所教的东西感到有趣。"兴趣是学生学习的先决条件,学生只有对学习英语感兴趣,学习才会成功。而只有学习成功,学生才能长时间保持学习兴趣,才能养成永久的英语学习情趣。这就要求教师能在一节课开始的几分钟时间内为学生营造激发学生想听、想说、想做、想学的语言情境和氛围,使学生全身心地、积极主动地进入学习状态。激发学生学习的兴趣和欲望的方法很多。如教师可以从学生关注的话题和学生的生活经验出发设计导入活动,使学生直观的了解该语言现象所使用的场合,并与自己所熟悉的环境相结合,从而缩短运用英语与学生生活之间的距离,使学生产生用英语表达的欲望。

第二节 英语词汇教学

词汇是语言及人类相互交流的最基本的单位。英国著名语言学家D.A. Wilkins曾经说过:"没有语法,人们不能表达很多东西;没有词汇,人们则无法表达任何东西。"可见词汇在语言学习中的重要性。

英语词汇难掌握,原因之一是它的数目大。一般五至六岁操英语的本族语儿童已掌握了2000~3000个产生性词汇,成人本族语者大概有词汇17000个。因此,如何学好外语词汇是一个具有挑战性的问题。

一、词汇和词汇教学

(一) 词汇

词是语音、意义和语法特点三者统一的整体;词语又是语句的基本结构单位。因为通常说的一句话总是由一个个单词构成的。如I went to the cinema yesterday evening.这句话的每一个词都具有一定的语音形式、词汇意义和语法意义。如went一词的发音为/went/,表示"去"的意思,是动词go的过去式,在这个句子中起谓语作用。

词的总和构成语言的词汇。英语全部的词汇有100多万。英语词汇由母语词和外来词组成。母语词是英语中的核心词汇或基本词汇。这些词汇表示全民族人民活动共同的和基本的概念和情景。它们是语言中使用得最多、生活中最需要的、意义最明确、生命力最强的基本词的总和。如下所示。

有关自然现象的词:wind,sun,rain,snow

有关劳动工具的词:axe,hoe,hammer,spade

有关植物的词:tree,grass,flower,branch

有关动物的词：dog,cat,horse,cow

有关矿物的词：gold,silver,copper,iron

有关颜色的词：red,yellow,green,purple

有关动作的词：go,come,run,leave

除了上述词之外，核心词汇还包括助动词、介词、代词和数词等。核心词汇在语言中所占的比率不大，但在日常交际中的使用频率却相当高。

英语教学离不开词汇教学，因词汇是英语语言三要素之一。语言若离开了词汇，就无所谓语言，正像建筑一座大厦，没有建筑材料，有再好的地基和图纸也无从谈起。因此，词汇是语言的建筑材料，是基础。不掌握大量的词汇，阅读、翻译、听说、书写都无法顺利进行。

语言的基本材料是词汇，没有语言材料，就很难组织好语音和语法教学。学习和掌握词汇的过程是一个十分复杂的心理认识过程，对词汇的掌握可从广度和深度去研究。所谓广度就是平常说的词汇量，也就是学习者所知的词汇总量，测试较多的是消极词汇或被动词汇（或接受性词汇）量的大小。测试某一学习者的词汇量（广度）可使用内申设计的词汇水平测试，即"Vocabulary Levels Test"或称VLT。但词汇的广度只能在一个方面反映学习者对词汇的掌握。还可以从词汇的深度去研究学习者掌握词汇的状况，即学习者是否掌握了所有的词汇知识。那么，掌握了一个词意味着什么？怎样才算掌握了一个词？根据理查兹的观点，掌握了一个词应包括它的出现频率（是否常用），它的搭配（能跟它使用的词），在不同情况下使用的得体性，它的使用方式（可在什么句型中使用），它的不同形式（如able,unable,ability enable等），与它有联系的词汇（人们提到food你会联系到多少词汇）和它的语言特征（如各种意义）。词汇广度和深度都为语言教学中的词汇教学提出了不同的要求。为了了解外语（二语）学习者如何学习词汇，学者们进行了不少研究，提出了很多理论，也用实证探究词汇的习得方法。

（二）英语词汇教学的意义

词汇是语言的三大要素之一。词汇是语言的建筑材料。没有词汇，就没有语言。词汇教学是英语语言教学的一个重要基础。词汇学习是英语学习的一个最重要、最基本的方面。学生掌握的词汇量直接制约或影响其语言技能的培养和发展。一般来说，如果学生或学习者掌握的英语词汇越多，那么他运用英语的能力就越强。

根据学生掌握英语词汇的程度,可以把词汇分为接受性词汇或领会词汇(Receptive vocabulary)和产出性词汇或活用词汇(Productive vocabulary)。接受性词汇指的是学生能听懂、见到之后能认识,但是在说和写的时候不会使用的词汇;产出性词汇指的是学生完全学会和掌握的,并能熟练使用的词汇。词汇教学和学习的主要任务是扩大产出性词汇的数量,增加接受性词汇的数量,并促进接受性词汇不断向产出性词汇转化。

(三) 英语词汇教学的内容[①]

词汇教学首先应考虑的是词汇教学的内容,一般来说词汇教学包括四方面的内容。

1. 词汇意义。由于母语与目的语之间的差别,从语义角度上讲,一些词汇的含义就其内涵、外延而言在两种语言中肯定会有不同之处。词汇教学的首要任务就是让学生清楚所学单词的含义。

一个单词的含义往往离不开语境,尤其是在课文中,受上下文的制约。教学中应通过各种手段使学生了解语义和语境之间的关系。如下所示。

(1) It's hard for a short-sighted person to pick up a needle from the ground.

(2) Our school car will pick you up at the station this afternoon.

(3) She picked up Spanish when she was living in Mexico.

(4) She is picking up wonderfully since she came out of the hospital.

(5) After a slow summer season, business began to pick up.

从以上例句可知,pick up 在不同的语境中使用,有着不同的意义。教师在这个方面要有意识地引导学生,不要让学生以为一个单词或词组只有一种含义,否则一旦发生变化,学生会感到困惑,难以理解。

一些单词的语义差别对非本族人来说非常令人感到迷惑,澄清这些概念同样是词汇教学的任务之一。如 fight、struggle、battle、campaign、war、combat 这一组词,都有战斗的意思,然而却不尽相同,对于非本族人来说理解起来会有一定的难度,教师在教学过程中要注意对同义词、近义词的辨析,及时给学生答疑解惑。

[①] 喻劲梅,李琼华. 大学英语词汇教学的内容[J]. 湖北广播电视大学学报,2005,22(2):47-49.

2.词汇场合。词汇使用场合包括词汇的搭配、习语、短语、语域、风格等,不同的单词所使用的场合也不同。例如,通常都会用hot形容热,这是在书面语中的用法,如果在口语中,意思就完全不一样了,比如,说That is a hot guy,在这里hot是形容一个人身材或是长相很吸引人。

3.词汇信息。词汇信息包括词类、词的前缀与后缀、词的发音和拼写等。这是词的最基本信息,也是学习者应该掌握的最基本内容。例如,"de-""dis-""en-""re-"是比较常见的前缀,而类似"-able""-acity""-ment""-ing"之类的都是比较常用的后缀。

4.词汇用法。词汇用法指各类词的不同用法,如名词的可数与否,动词的及物与否,及物动词的扩展模式,应接什么样的宾语,不定式还是动名词,能否接从句,能否接复合宾语等。例如,allow,permit,consider,suggest等这类动词后只能接动名词而不能接不定式。又如,有些是固定搭配,不能混用,"go to school""go to bed"都是可以的,但"go to home"却是错误的。

掌握一个单词,并不是单纯地认识,还要能够灵活地运用。因而要想真正地认识一个单词,不仅要了解单词的词义,还要掌握单词的使用场合、词汇信息以及词汇用法。

二、英语词汇教学的技巧和方法[①]

(一) 因人而异进行词汇教学

对不同程度的英语学习者应采取不同的方法进行词汇教学。

在成人初学阶段,直接的词汇教学是十分有用的。这些技能包括用第一语言解释单词,用同义词、图画帮助教学等。在这一阶段教师可以提供一些词的记忆方法,但应注意训练学习者创造自己的记忆法。因为研究表明,学习者用自己想出来的记忆技巧所记的生词比他人提供的技巧要有效得多。

在中级水平阶段,一个中心问题就是扩大那些所熟知的词的用法。这就是说通过一个词在不同语境中的用法得出这个词的隐含意义。这种活动可以运用归纳法进行。在这个过程中:学习者通过分析许多例子得出深层含义,或者用演绎法从意义到例子。在初级和中级水平阶段,应集中教授常用的2000个词。

---

①郑萍,陆洪珍.谈谈英语词汇教学的技巧方法[J].潍坊工程职业学院学报,2001,14(4):42-43.

在高级水平阶段,如在高中或大学,英语教师应把学生学习的重点放在英语学术词汇上。在这一水平线上,所有的学习者能够熟练运用和有效的记忆单词。在这一阶段,直接教授新词是毫无价值的。尽管学习者仍然需要大量的直接的生词学习,但教学的重点应放在技能的提高上。

(二) 从听说开始

对于英语初学者来说,教词汇应先从口语开始,因只有学生先掌握了发音,能听、能说,方可更快地学好书面语言。如果学生听不懂单词的发音,或说出的单词别人听不懂,记再多的单词也起不到口头交际的作用。同时,如果单词音发准了,也有助于书面语的学习。

(三) 重复

教师在教英语单词时,一定要注意重复,这是教好英语的最基本的要求。凡是前边学过的单词,在后边的课堂教学中,教师要有意识地让它们反复出现,从而加强学生的记忆力。无论在什么场合,教师都要有意识地反复使用学生已学过的单词。

(四) 词汇三维教学法

词汇三维指的是词的音、形、义。任何词的教学只有落实了音形义三个维度才算是基本掌握了这个单词。由于意义是词的意义综合体的主要方面,因此,词汇教学最重要的任务就是要揭示词汇的意义,建立音义之间的有机联系,使词汇有意义的刺激概括反映客观现实,从而表达概念,进行言语交际活动。在词汇教学中,教师要引导学生眼看、耳听、手写、口说。记忆的生理机制告诉我们,对各种感官的多种刺激,容易在大脑中建立起暂时神经联系,记忆效果也会更好些。只有将音、形、义结合起来,才能达到正确地读、书写、理解和应用的目的。对于一个具体的单词,如教"butterfly",它的意义用汉语解释或用图画、照片一目了然,无须多说。这样,它的音、形就成了教学的重点。

(五) 利用上下文教单词

教师不要孤立地教单词,或让学生孤立地记单词,就是把一本词典上的单词全背下来,如果不用,很快就会忘掉。不能一见英语单词就直接给一个汉语意思,这不利于学生理解词义和学习单词。教师在教单词时,可根据上下文来教,使这个生词多次出现,帮助学生理解这个词的意思。如教生词umbrella时,可采用以下办法。

It's raining and I want to go out.I don't want to get wet.I haven't a raincoat but I have an umbrella.I 'll put up my umbrella.The rain is coming down on my umbrella but it isn't coming on me.My umbrella is protecting me, it is keeping me from getting wet.Now the rain has stopped.I'll take my umbrella down.An umbrella is very useful when it is raining.

当然,在遇到难以理解的单词时,教师可直接说出汉语来,以免浪费过多的时间,而且学生反而难以弄懂该词的含义。

(六) 通过谜语教单词

有的教师认为利用谜语教单词不大可能,太浪费时间,这是一种误解。利用谜语教单词有几大好处。

1.可激发学生的学习兴趣。

2.可帮助学生提高听力和理解力。

3.单词记得牢。如要学 lion 和 tiger 这两个词,可利用这样一个谜语:"Is it better for a lion to eat you,or a tiger?"

答:"It's better for him to eat the tiger."

这是根据句法的模棱两可(syntactic ambiguity)来回答的。又如:"What should you do if you find a tiger in your bed?"

答:"Sleep somewhere else."

这个回答使对方感到吃惊,从而引起学生的学习兴趣。如果学习 united 和 untied 这两个单词时,可用下边的谜语:"What word, by changing the position of one letter,become its opposite?"

答案:"united"——"untied"。

通过这个谜语,学习者一定会牢牢记住这个单词。如果学习"wholesome"这个单词时,可用下列谜语:"What word is it from which the whole may be taken and yet some will be left?"

答案:"wholesome"。

总之,利用谜语教单词会使学生收到事半功倍的理想效果。

(七) 追根究底法

大量的英语单词都是在词根前加前缀或在其后加后缀变成派生词的。学新单词时,如果遇到派生词,就要联系词根及其他变化形式来讲解,使新词学得更饱满、更丰富、更具体,也就更容易记忆了。例如,学到"success",就可以联系介绍或复习"successful, succeed, unsuccessful";同样,学习"satisfied"可以联系"satisfaction, satisfactory"等词。因此,给学生讲一些词汇学知识是大有裨益的。因为学生不大可能对语音规律、构词法、词汇的组合与衔接等知识进行系统的自学。作为具有语言学知识的教师,应该把这方面的知识传授给他们,减少他们学习词汇的困难。如派生法、转换法、复合法、缩略法等构词法的介绍显然有利于学生掌握一定的构词规律,在了解词法线索的基础上扩大词汇量,以前缀anti-为例,如此多派生出来的词如 antibiotic, antifreeze, anti-missile, anticatalyst, antipollution, anti-graft, anti-corruption, anti-terror, antifat, anti-establishment(非正统派), anti-landmine(扫雷)等充分说明了词缀在构词方面的潜力。再如,名词转换为动词的用法在现代英语中十分常见:The White House press secretary is once more back grounding newsmen for the president./In order to obtain an ideal job, you have to package and market yourself./He mouthed fine words about friendship. 这种转换的介绍不仅能使学生学会一种构词手法,而且可以使学生对词的多义性有所了解,从而丰富他们的英语思维。当学生掌握了一定的词汇学知识后,他们在对词汇的识别、发音、理解、记忆和使用方面都会有很大提高,英语学得好的学生往往都比较注重丰富自己的词汇知识。

三、词汇教学的原则和技能

1.词汇教学要与语境相结合,要与词汇的使用相结合。词汇是语言的基本构成成分,词汇的使用需要依赖具体的语言环境。不能脱离文章语境,孤立地讲解词汇意义。不将词汇与文章有机地结合起来,就不能让学生正确地理解该词的真正意义及用法。词汇不是孤立的,学一个词必然要涉及这个词的用法及其在句子中的位置和作用。一般的语法书都将语法分为词法和句法两个部分讲授。实际,词汇和语法之间的关系密不可分。"词汇语法"(lexico-grammar)不但是现代语言学中的一个术语,而且是语言学分析的一个层面。词汇构成句子,是句子的基本要素。认识和掌握单个词汇是学习的第一步,但不是全部。记忆更多的词汇、不断扩大自己的词汇量,这当然重要,但不能仅仅背记孤立的单词。只有把记单词与掌握它们在具体语境中的语言使用结合起来,把词汇作为有意义的交流单位,才是学习语言的有效手段。因此,教师不但要教会学生认识单词并了解单词的用法,还要让他们掌握单词在具体语境中符合英语语法的规则和语言的使用习惯。脱离了语言的语境和语言的使用,再大的词汇量也没有什么用处。那么怎么才算掌握了一个单词?把词典上列举的某一个词的所有释义和用法全背下来,是不是就算掌握了?答案显然是否定的。以set为例,这个词既是英语中最简单的也是最复杂的词。说其简单,小学生也认识;说其难,大学英语教授也未必能一口气说全它的所有用法,因为这个词由于有128种用法而被收入吉尼斯世界纪录。这正应了一位英语界老前辈的话:生词好办,熟词难办。学习词汇的核心是掌握运用中的词汇(wonbinuse),所以应该教会学生从词汇本身及其用法入手打好基础。

2.使用直接法和间接法学习词汇。在英语词汇学习中,良好的学习策略有助于学生形成积极的学习态度,也能把学生的积极性转化为独立获取更多词汇的能力:在第二外语词汇习得领域,研究者把词汇学习方式分为直接学习和间接学习,或称作有意识学习和伴随学习。

直接学习是学习者做一些能将其注意力集中在词汇上的活动和练习,根据不同的任务完成相应的词汇练习。词汇直接学习要求学生不仅掌握这些词的意义,还要掌握这些词的更深层次的知识,如单词的意义、词法、句法及搭配知识,通过练习,学习者的词汇习得经历了从认知到运用的缓慢发展过程,不仅认识了这个单词,还能准确灵活地使用它。

间接的词汇教学就是通过阅读、听、说等其他教学活动,间接地扩大学习者的词汇量。要使学习者获得准确理解和使用词汇的能力,教师要教会学生在交际的过程中学习词汇,即通过间接的方法学习词汇。特别是随着学生英语水平的提高,其对词汇的猜测能力及间接学习英语词汇的能力也不断提高,比如,通过阅读、看电影等方法都能间接习得词汇。但这种学习方式只适合高频词汇的习得。

不过对于词汇的习得而言,这两种方式应是互相结合在一起,学习者应该注重和强化词汇信息的输入。当今的语言输入途径较以前多了许多。除了书本以外,还有电影、电视、电脑、网络等媒体。这些现代技术手段增强了学习者学习的主动性并有效的增强了教学内容的针对性,极大地改进了教学方式、教学手段和教学方法,对词汇学习产生积极影响。

3.培养学生词汇学习的策略。在语言学习的过程中,培养学生学习词汇的策略。不管是使用间接的方法还是直接的方法学习词汇,即附带学习或有意学习词汇,都要使用一定的学习策略,从这个意义上说,词汇学习策略的培养直接影响词汇学习的效果。在培养学生的词汇学习策略时要懂得策略本身并无好与不好之分;只要在一定的情景下使用恰当、能有效果都可算为好的策略。语言水平不同的学生,性别不同的学生,性格不同的学生,爱好不同的学生都有可能使用不同的词汇学习策略,只要是他们使用有效果,都应鼓励他们使用,鼓励他们在使用中总结经验,归纳自己学习词汇成功的策略。学者赫奇在《语言课堂中的教与学》中使用对下面一段文字的理解来说明可使用五种知识来猜测文字中出现的人造的无意思的词。这五种知识为:①句法知识(猜测"barlim");②词素知识(从"barlim"和"barl"的关系去猜,有如从"farm farmer"的关系猜测一样);③常识(从"desk"和"locked"猜测到"dimp"可为"drawer"一类东西);④社会文化知识(从教堂的结构可猜"stram"为"tower"或"steeple");⑤题目知识(从农村的生活可猜文章可能谈及父亲的工作)。

4.注意搭配、习语与短语的教学。提高英语词汇教学的目的在于使学生能够在实际的交际过程中使用这些词汇,而搭配是词汇用法中的重要组成部分,尤其是对于口语和写作来说更是如此,如果学生只是了解单词的拼写、读音和意义,而不熟悉它的搭配情况,他很可能在使用的时候犯错误,从而不能正确地表达自己的思想。在这里所说的搭配是广义的概念。以往英语词汇教学中,对于搭配的关注点主要集中在一些动词短语上面,而对于形容词和名、动词与副词、名词与介词、动词与介词等的搭配不太注意,这也是造成中国学生英语表达能力低下的一个重要原因。因此,在英语教学中要有意识地进行一些这样的训练。例如,对于初级的英语学习者来说,可以进行这样的训练:下面词中,wet,high,big,ao,watrn,happy,mol,rainy,dark,哪些词可以和weather连用。与搭配有关的还有习语和短语,它们也是英语教学的重要内容。

5.使用词块法学习词汇。学习词汇时不但要记住词的发音、拼写、词的派生词,而且要记住词的搭配、词可使用的句式、词的短语、词在不同短语和搭配中的不同意义。词块习得的研究为看待和学习词汇提供了一个新的角度。英语的词汇有其特点,一些词可以与某些词一起使用,一些词只能用于某种句式。词在不同的短语或句式中可有不同的意义,因此,记单词时最好结合词的搭配、词的用法、词的意义、词的短语以及词可使用的句型,就会以词块作为单位,在大脑中提取,更能按英语为本族语者的习惯去使用词汇,也较能保证词汇使用的正确性。可以以某种词块的形式来记住某些语法现象,如用the -er,the -er;the more_,the more;not so_ as_;as_ as_;-er than_等记住比较级的用法等。

6.注重实践。注重实践,使学生通过大量的语言实践活动掌握词汇,提高学生的词汇使用能力。词汇教学的目的在于帮助学生使用词汇。学生靠死记硬背获得了一定的词汇量,但是不能够充分地运用于对话和写作之中。在阅读中,一些学生只懂得词汇的表面意义,却不理解它在上下文中的作用和意义。因此,教师在词汇教学中,应该把词汇融入语言实践活动之中。

词汇的使用既是教学的目的,也是教学的手段。在词汇教学中,要结合词汇的教学内容,针对词汇的拼写、意义、读音、语法特点、搭配、文体等各个方面进行多种多样的单项或者综合的训练,使学生在训练的过程中自然而然地掌握词汇。这样可以有效的防止学生靠死记硬背的词汇学习方法,提高学生学习词汇的兴趣。在训练单词的选择上,要根据遗忘规律,有计划地巩固单词,增强学生对单词的记忆。课堂上教单词时,让学生对所学的单词进行重复识记,加深印象。讲解课文时,结合教材的内容有机自然地再现。课后练习中,安排相应的听写、翻译、完成句子、同义搭配、语音辨析、阅读理解等,使学生在多次复现和语言实践活动中巩固所学的单词。

第三节 英语语法教学

英语语法教学是一个敏感的话题。在很长的一段时间内,中国的英语教学由于受到语法翻译教学法以及自身教学环境的影响,过分强调了语法的教学,英语教学被语法知识的传授占据了大量的时间和精力,从而忽视了语言技能的培养,导致了学生的听、说、读、写能力的低下。这一问题已经引起了我国外语界的高度重视,并开始逐步纠正这一问题。但是,在纠正这一问题的过程中,也很容易走向另一个极端:轻视语法教学,单纯强调通过自然习得获得语言能力。

一、语法

在语法研究史上出现了三种语法:实体语法、形式语法和教学语法。这里探讨的内容是语法教学,这里的语法是指教学语法。所谓教学语法就是以教授语言为目的的语法。①学者们针对语法的含义表达了他们各自的观点:"语法可以粗略定义为一种语言为了构成更长的意义单位,控制和组合词或词组的方式。""语法是对构成句子的规则的描述,包括形式所表达的意义。"

库克认为语法包括:规定语法(prescriptive grammar)、传统语法(traditional grammar)、结构语法(structural grammar)、语法能力(grammatical competence)、交际能力(communicative competence)和语用能力(pragmatic competence)。

拉森·弗里曼(Larsen-Freeman)批驳了一些传统的语法观,她将语法的性质归纳为:①语法是一种技能(grammaring)而不是一种知识;②语法不仅指形式正确,而且指使用得体;③语法不仅与规则有关,语法是有道理的(rational);④语法不是任意的(arbitrary);⑤语法不是一个正确答案,它是有选择的;⑥语法不仅包括词法和句法,还应包括语篇语法。

利奇和斯瓦特维克(Leech & Svartvik)在《A Communicative Grammar of English》一书中对语法的变体形式进行了探讨,他们认为语法涉及不同的变体形式,如英语或美语、书面语或口语、正式或非正式、礼貌或熟悉等。表达某个概念或对象时,可有多种变体选择,如"children"(中性),"offspring"(正式)和"kids"(非正式)。

厄(Ur)和桑布雷(Thornbury)的定义强调的是形式与意义的统一。根据库克和利奇与斯瓦特维克对语法的看法,可以看到语法的概念得到延伸。因此,语法包括词法、句法和语篇语法及变体形式,涉及形式、意义和使用的统一。

二、英语语法教学的意义

语法是语言使用的规则,是对于语言中的规则性和不规则性所做的概括描述。对语言实践具有积极的指导作用,掌握和运用语法知识对于提高学生的综合语言运用能力具有重要的意义。但是,关于语法在英语教学中的作用或地位,一直是一个争论的焦点,支持语法教学与反对语法教学的都大有人在,在不同的历史阶段表现出不同的主流认识,经历了一个从尊崇到摒弃再到理性的过程。语言知识由语音、语法、词汇等构成,也是构成语篇的最基本单位。因此,语法知识在语言知识中占有很重要的地位,在谈论语法之前,我们先了解一下什么是语言。"语言"一个最直接的定义便是,语言是言语交际的一种方式。因

---

①戴炜栋,陈莉萍. 二语语法教学理论综述[J]. 外语教学与研究,2005,37(2):2-99.

为口头与文字的交际方式都是一种有目的的行为,所以语言是工具性的;因为语言是一种社会符号,语言交际只能在所有使用者对非语言提示、动机、社会文化角色等相关要素都具有相同的理解之后才能有效进行,因此语言又是社会性的、约定性的。语言的学习与使用取决于生物、认知、心理和环境等各种因素。简言之,语言比任何动物交际系统都复杂得多,是语言把人与动物区分开来。

  在外语教学的早期,语法翻译教学法在18和19两个世纪长期占据主导地位,语言教学以语法教学为主,学习材料以书面语言为主。外语学习策略研究比较容易的一部分内容,基本不需要有意识地进行学习。相反,对外语学习者来说,却相当困难,需要有意识地进行学习,但是有些内容又难以用语言条理地表达出来,矛盾由此产生。所以,无论在哪个年龄阶段上开始学习,外语(甚至在一定程度上第二语言)水平不可能达到母语水平,拿外语学习者的语言水平来和母语者的语言水平进行比较,是无意义的。

  但是,随着第二语言习得研究的不断深入和进展,尤其是进入21世纪以来,人们开始对第二语言或者外语教学中语法教学的作用进行重新的思考与定位。语法是语言的三要素之一,其最大的特点是具有抽象性、概括性和稳固性,一条规则往往涉及一整类词、词组或句子结构。语法是许多时代的产物,它同基本词汇一起构成语言的基础,有很大的稳固性,变化极其缓慢。例如,1984年在美国加利福尼亚大学所做的一项调查表明,该校的一些外国学生,没有接受过语法教学,虽然已经在美国居住七年以上,口语表达也非常流利,但是他们的书面表达能力却非常低。在所调查的学生中,有60%的学生的作文从结构和逻辑上看是可以接受的,只有20%的学生的作文完全可以接受。后来对这些学生专门补教语法,但结果显示,进步很小,原因是他们已经养成了不良的语言习惯。

  西方的外语教学,轻视语法教学的状况持续了几十年,对此,Celce Murcia评论道:"引人注意和令人信服的证据表明,没有语法的教学,无论是以理解为基础的,还是以交际为基础的,只能导致蹩脚的、不合语法的洋泾浜式的外语。学生很难超越这个阶段,取得任何进步。"目前人们普遍接受的一种观点是,在英语教学理论和实践中既重视语法,又不忽视语言的使用。大学教学的任务一是给予学生更多的广普知识和专业知识;二是培养学生观察和分析能力,提高他们的专业研究能力,而后者更为重要。将这一思想贯穿于每一堂课是教师的责任,语法课更是如此。目前,网络自主学习正方兴未艾,然而有实验表明,语法学习不适宜网络自学,如唐国星的实验结果表明,语法教学采用传统教学方法更好。英语界已经逐步形成了一种共识,改变以往对语法或尊或贬的偏激倾向,有必要对语法的作用进行再认识。

对于学习者来说,通过大量接触语言材料,通过对这些材料的模仿,他们可以产生许多的句子,但是由于他们语言能力的局限性,有许多句子意义表达不清楚,如下所示。

(Thom bury):

Last Monday night I was boring in my house.

After speaking a lot time with him I thought that him attracted me.

We took a wrong plane and when I slaw it was very later because the plane took up.

Five years ago I would want to go to India but in that time any body of my friends didn't want to go.

这些句子可以利用语法知识进行调整,使它们的意义表达清楚、明确。

语法有助于解决语言学习的"石化现象"。一个具有强烈的动机和很高语言学习能力的学习者完全可以不用经过正规的学习就可以达到很高的语言水平。但是,他很可能会遇到两个问题:一是某些错误的语言习惯会固定下来,难以纠正;二是到了一定的语言水平之后就很难提高。这就是所谓的语言学习过程中的"石化现象"。在这种情况下,学习语法有助于它们解决这一问题。

英语语法教学对于中国的学生来说是非常必要的,但是,在最近这些年,英语教学中的语法教学从过去的倍受推崇已经跌至有史以来的最低谷。整个语法的建构也极其缓慢,是个相对封闭的体系,语言的稳定性和传承性是由语法来保证。语法是保证表意的必需手段之一,Halliday 就指出"没有语法,你就无法研究语言。语法恰是我们称之为语言的中心。它具有组织和表达意义的绝对根本的作用"(转引自赖瑜)。新颁布的英语课程标准也明确指出:"此次英语课程改革的重点就是要改革英语教学过分重视语法和词汇知识的讲解与传授、忽视对学生实际语言运用能力的培养的倾向……"许多教师对此理解不够准确,甚至错误地认为,英语教学的重点主要是培养学生的口语表达能力,于是产生了许多"淡化语法教学"的提法。许多教师忽视语法教学在英语教学中的作用，认为语法教学可有可无，甚至认为在英语教学中专门教授语法是错误的。有的老师即使意识到语法教学的重要性，也不敢理直气壮地讲授语法。这一现象将会对我国的英语教学产生许多不利的影响，因为对于中国的英语学习者来说，语法的教学是非常重要的。

三、英语语法教学原则

我们认为语法教学是非常有必要的，但并不是说一定要专门的给学生开设语法课程，而是把语法教学融入整个的英语教学之中。结合上述的语法教学理论，我们认为英一语语法理论应该遵循以下原则。

1.对语法教学采取正确的态度。对待语法教学应该注意避免两种走极端的不良倾向，一种是过分强调语法的作用，把语法教学和英语教学等同起来，认为学习英语就是学习语法，学好了语法就等于学好了英语。语法教材是根据教学对象的特点，为提高人们对语言的领悟能力而编写的。语言的领悟能力的培养既要合乎学者的学习规律，也要合乎语言结构的特点。在这种错误思想指导下，有些教师把绝大部分时间和精力都花在了语法知识的传授、分析和联系上，把活生生的语言变成了干巴巴的语言点。对于学生在操练、使用语言的过程中所出现的错误，只是单纯地从语法角度去分析，一味地靠讲解语法规则去纠正语言错误。另一种错误的倾向是忽视语法对语言运用的指导作用。单纯以语言习得的理论为依据，片面强调自然语言习得的能力，因而在教学活动中一味要求学生硬性模仿。英语教学的理论和实践证明，上述两种倾向都具有片面性，都会对英语教学带来一定的负面影响。问题的关键不在于是否应该进行语法教学，而是如何教，如何使学生把学到的语法知识运用于交际活动之中。

2.语法教学要循序渐进，根据学习者不同的认知水平采用相应的措施。不同年龄阶段的认知发展水平是不一样的，学习语法的能力和特征也存在一定差别，因此，语法教学要考虑学生的年龄特征。此外，我们在进行语法教学设计时，应该对处在不同年龄阶段的学生确立不同的教学要求，确定不同的教学内容，采取不同的教学措施。语法与语法理论之间的关系，实际就是自然规律与理论之间的关系。针对不同的使用目的，语法理论往往会侧重某一特定方面，比如，以实用为目的的教学语法，为人机对话服务的语料库语法等。例如，对小学生、初中生、高中生和大学生，就要区别对待，因人而异。一般而言，对于小学生，在其接触的语言材料少、缺少感性认识的情况下，供他们学习的语言材料的句子结构应该比较简单,句子长度不宜过长,教学过程中应该少讲语法理论,多讲生活中、学习中运用语法的实例;要避免过多的语法讲解。对于中学生来说,他们已经接触了大量的语言材料,这时就要在进一步接触语言材料的基础上,通过语法的讲解,把感性认识上升到理性认识上,系统地掌握英语的语法知识。所学习的句子在结构上应该复杂一些,长度上要更长一些;要以语法理论知识的教学为先导,使学生增强在进行社会交际时运用语法理论来指导自己言语活动的自觉性。对于到了高级学习阶段的大学生来说,他们已经具备了一定的语法基础,初步掌握了语法的系统,单靠对语法知识的补充和复习,对于他们交际能力的提高没有多少帮助,这时就要采取新的办法,更加强调语言的运用,在运用的过程中强化已有的语法知识。

3.归纳法和演绎法相互结合。许国璋先生说过:"语法是制约句子里词与词的关系的准则。一种语言的语法是该语言里这些制约规则的总和,它使词在规则的制约下组成为语言社团所接受的句子。"归纳法就是先让学生接触具体的语法现象,然后通过大量的例子总结出语法规则。具体做法是教师给出一些例词或例句,引导学生进行观察、对比和分析。通过大量练习,学生就逐渐认识到规律。如通过 one apple, two apples; one box, two boxes; one foot, two feet; one goose, two geese 等可以使学生认识到名词复数的概念和使用方法。归纳法从具体到抽象,符合学生的认识规律,能充分调动学生的主观能动性,有利于培养学生的分析观察能力。另外,让学生在语言环境中学习语法,有利于调动学习的积极性。但是,使用方法不当则容易造成事倍功半的结果。

演绎法是一种由抽象到具体,由一般到个别的方法。教师先讲授语法概念、结构,使学生对语法结构先有一个清楚的了解。然后,再通过例句进行验证、说明。演绎法是一个"认识—实践—再认识"的过程,演绎法简便易行,节省时间。成年人因其高度发展的认识能力,比较适合用演绎法教授语法知识。演绎法的优点是简便易行,节省时间,简洁、省时、省力,易于为中国学生所接受,但是容易出现以教师为中心的填鸭式的教学方式,容易造成课堂气氛沉闷,不利于调动学生学习的积极性。

归纳法和演绎法各有利弊,归纳法更加适合于低年级的学生,因为低年级学生的思维中具体形象成分仍然起着重要作用,他们的思维属于经验型的,而归纳法正是由具体到抽象的方法,适合低年级学生的思维力方式。同时归纳法也适用于那些比较容易总结规律的语法项目。演绎法对高年级学生比较适用,高年级学生思维由经验型水平向理论型水平转化,具有更高的抽象概括性及辩证逻辑思维和更大的组织性。同时演绎法适用那些比较难归纳、变化规则多的语法项目。合理的方法是把两者结合起来,互相取长补短。

4.注意语法教学层次性和系统性的统一,要注意所呈现的语法知识的条理性。一个语法项目往往包括许多的内容,也有很多例外,我们不可能一次性地一股脑地全部教给学生。讲解语法要注意层次性,做到由简单到复杂,由一般到特殊,由表及里,由浅入深,循序渐进,合理安排语法教学的顺序。在注意层次性的同时,也要注意语法教学的系统性。系统论告诉我们,一个严密合理的系统,其整体功能大于部分之和。没有对整体的综合感知,对于部分的认识必然是孤立的、片面的。而现在的大部分教材中的语法现象的出现往往是分散的,如果教师碰到什么就讲什么,不注意引导学生归纳同一语法现象,那就会导致学生对所学结构模糊不清而最终影响语言运用的准确性。韩礼德认为,语法是一个大众化的、人们对世界的经验和体验的理论,而语法学是一个科学的理论;语法总是在变化、演变,而语法学则多少是人为建构的。语法可以用来描述人们日常生活中的各种体验,体现各种社会关系,促进知识与行为的结合和互动;语法学则是用来解释语法和语法现象的科学理论。因此,在语法教学中,教师要善于对学习者已经接触过的某一类语法现象进行归纳,由点到面,建立系统,使学生能够从总体上把握语法结构。在归纳的时候,可以把语法与语篇结合起来,向学生提供一些短文,这些短文中集中体现要掌握的语法结构。例如,下面一篇短文就集中使用了一般将来时。

I CAN'T WAIT FOR SPRING TO COME!

I'm tired of winter.I'm tired of the snow.I'm tired of cold weather,and I'm sick and tired of winter coats and boots! Just think…in a few more weeks It won't be winter any more.It'll be spring.The weather won't be cold.It'll be won't snow any more.It'll be sunny.I won't have to stay indoors any more.I'll go outside and play with my friends.We'll ride bicycles and play baseball again.

In a few more weeks our neighborhood won't look sad and gray any mole.The flowers will bloom,and the trees will become green again.My family will spend inole time outdoors.My father will work in the yard.He'll cut the grass and paint the fence.

My mother will work in the yard, too. She'll buy new flowers and plant them in the garden. On weekends we won't just sit in the living room and watch TV. We'll go for walks in the park, and we'll have picnics on Sunday afternoons.

I can't wait for spring to come! Hurry, spring!（取自于 Molinsky & Bliss）

而下面一篇短文则集中使用了一般过去式。

NOTHING TO EAT FOR DINNER

Joan had to work overtime at the office today. She got home late, and she was hungry. When she opened the refrigerator. She was very upset. There was nothing to eat for dinner. Joan sat down and wrote a shopping list. She needed a head of lettuce, a bunch of bananas, a quart of milk, a dozen eggs, two pounds of tomatoes, a pound of butter, two bunches of carrots, and a loaf of bread.

Joan rushed out of the house and drove to the supermarket. When she got there, she was very disappointed. There wasn't any lettuce. There weren't any bananas. There wasn't any butter. There weren't any eggs. There weren't any tomatoes. There wasn't any butter. There weren't any carrots, and there wasn't any bread.

Joan was tired and upset. In fact, he was so tired and upset that she lost her appetite, drove home, didn't have dinner, and went to bed.（取自于 Molinsky & Bliss）

使用这样的短文不仅可以总结语法结构，而且可以把语法置于具体的语境之中，有利于实现形式、意义和语用的统一。另外，在教学过程中也要善于比较和鉴别，对英语中结构上有联系的语法现象进行归纳，帮助学生系统地掌握语法知识。学习者的语法知识和交际技能之间存在差异。传统的外语教学强调向学生传授语法知识，在一定程度上把语法结构作为外语教学的终极目标。

5.体现多样性和灵活性的原则。采取丰富多彩的语法教学活动，提高学生学习语法的兴趣。在外语教学的过程中，我们不仅要认识语法教学的重要性，也要认识改变传统语法教学方法的迫切性。教师必须摆脱传统教学思想束缚，不断吸收新的教学思想，处理好语法教学和语言技能培养之间的关系。首先，我们在前面介绍了不同的语法教学模式。各种模式都有其可取之处，也都具有一定的局限性。这就要求教师把握这些模式的实质，取百家之所长，根据学生的情况和具体的教学目标选择合适的教学模式；其次，在确定教学模式之后，语法教学活动也要丰富多彩。应该根据教学对象、教学内容和教学目的把语法教学与技能、情感态度和学习策略的培养结合起来,把语法讲解和语法运用结合起来,采用笔头、口头等形式将语法练习有机、灵活地融于各种交际活动和课堂任务之中。语言被定义为用于人类交际的任意声音符号系统。那么,一种语言的建构系统——语法也就一定是系统的。任何一种语言的语法结构必定自成系统,而且每个语法现象又是构成这一系统的一个小系统,这种思想在语法教学中极为重要。传统的语法教学以教师为中心,一般的做法是,教师首先根据教材的内容讲授某个语法知识,接着进行相关的语法知识训练。这样的教学方式往往乏味单调,不容易激发学生的学习兴趣。教师可以根据某个单元的语法知识、语言情景,结合学生的实际水平,设计出丰富多彩的活动情景,如对话、文字游戏,甚至可以有意识地出现一些错误,让学生加以辨别分析。对学生提出的问题也可以不直接做出回答,首先让学生进行讨论,然后再进行归纳,从而形成以学生为中心的课堂教学。在提供语言材料时,教师可以提供一些融知识性和趣味性于一体的句子或者短文,使学生在学习语法的同时,获得知识,提高兴趣。

其实,语法教学的趣味性是一个关键的问题。英语教师要注意提高语法教学的趣味性,在练习中学习语法,归纳法与演绎法相结合讲语法,利用图、表等解释语法,使语法课突出重点,精讲易懂。同时,语言是活的语言,是不断发展变化的,英语教师还要注意语法的变化发展情况。许多学生对学习语法没有兴趣,其中一个重要原因就是教师的教学方法单一,忽略了语法教学与听说读写技能培养的结合,就是为了教语法而教语法,因此语法教学一定要多样化、灵活化。教授语法时要重视学生的参与性,教学形式和教学活动多样化,以此来激发学生的学习兴趣和积极性。语法规则的呈现要体现多样性和灵活性的原则,把语法本身的规则、条例通过模拟的情景、实际学习或在生活中的体现表达出来,这样就不会使语法教学枯燥、单调。

第五章 大学英语听力教学

英语教学的目标首先在于提高学生的口语交际能力,在交际的过程中,交际的参与者首先需要听懂别人在说什么。Rivers指出"讲话自身不能构成交际,除非讲话内容被另一个人所理解","因此,如果要达到交际这一(教学)目的,教授口语的理解就是头等重要的事情"。听的能力对于外语学习者来说,不仅仅是一种目的,而且是一种重要的学习手段。Krashen认为,人们习得语言的唯一方法是理解信息,或接收可理解输入。这儿所说的信息或输入主要指口头语言。许多学者对于听在英语学习中的作用也非常重视,Richards,Plattand Platt指出:"在教会话之前,应拿出一段时间训练听力……学生的理解技能得到充分提高之后,表达技能自然随之而来。"另外,学习者的许多英语学习的途径都离不开听,例如,听录音、听广播、听英语授课等,由此可见,听力在英语学习和口头交际过程中都是至关重要的。

听力是生活中最常见而又最容易被语言教学所忽视的一项技能。在20世纪70年代之前,有关语言教学研究的文献中很少专门探讨听力教学的问题。而随着交际教学法的推广,人们开始意识到听力是人的语言水平的重要方面,听力教学逐步引起人们的重视。各种形式的考试都把听力作为考查的一个组成部分。从20世纪80年代开始,有关听力教学以及听力技能的研究逐渐增多。Richards认为,听力由一系列的微技能(micro-skills)组成,这些微技能应该成为教学与测试的重点。Rost指出,听力的微技能包括:区分单词的语音的能力,尤其是对于音位对立(phonemic contrasts)的识别;对不熟悉的单词推断词义的能力;对将要听到的内容的预测能力;对于内容矛盾、信息不足或者模糊的处理能力;辨认事实与观点的能力。人们对于听力教学态度的转变在很大程度上是因为Krashen所提出的输入输出假说。该假说认为第二语言习得有赖于大量的语言输入信息,即可理解的输入。也就是说,没有足够的语言输入,学习者是不可能有语言输出的。另外,在20世纪80和90年代,应用语言学的研究者开始从认知心理学中借鉴关于语言理解模式的各种新的理论,区分了"自下而上"和"自上而下"的两种处理模式,并从中意识到背景知识和图式(schema)在理解中的重要性。在自下而上的处理模式中,听是一个线性的数据处理过程,理解的程度取决于听者是否成功地对所听到的口语材料进行解码;而在自上而下的处理模式中,听者主要是主动地根据预期、推论、意图、图式知识以及原来具有的相关知识有选择地处理接受的信息,来构建意义。与此同时,会话分析以及语篇分析的研究成果也对听力教学产生了一定的影响,通过这些研究,人们对口语语篇的结构具有了一定的了解,意识到单靠把书面语篇朗读出来不能给学生提供合适的听力材料,听力教学中必须向学习者提供适合他们需要和水平的真实的口语材料,真实性因此成为选择听力材料的一个重要标准。

第一节 英语听力教学概述

一、英语听力教学的重要性[①]

听,是一个检测听者的语言、思维等多方面综合能力的行为,听者不是被动地接收信号,而是在积极地进行预测、辨别、推断、推理等各种活动。听是语言输入的一种重要途径,而人们习得语言的规律是先听后说,先理解后表达。通过大量听的活动,学习者大量接触语言输入,并逐步内化语言规则,吸收语言,提高语言的交际能力。心理语言学家认为,外语学习过程和母语习得有很多共同之处,都应先从口语,即从说开始。因为听说是人类交际活动中最为生动、活跃和完美的一种形式。有人研究发现,听说共占人类语言交际活动(听、说、读、写)的75%,读写占25%。心理学家和多数外语语言学家都认为,在听、说、读、写教学活动中,应坚持听说为先的原则,坚持在情景中理解和掌握口语的基本技巧。听说能力与读写能力是相辅相成、不可分割并起着互相促进作用的。抓好了听说教学有助于读写能力的提高。口语交际过程也是大脑进行积极思考

[①]王玉德.英语听力教学的重要性及其策略[J].教育革新,2001(2):24-25.

的过程,在这个思考过程中,已学过的外语知识都会来帮助大脑进行思考。因此,可以说,听说能力好坏决定着多种能力的提高与否。

从20世纪40年代至60年代统治美国语言教学的"听说法"和流行欧洲的"视听法",到70年代以来盛行的以培养交际能力为主的"交际法",无不强调听力在外语学习中的重要性。语言是交际的工具,学习语言的最终目的是为了交际,现代社会中的有声交际大大高于其他类型的交际。据美国Rankin等人统计,美国人日常生活中运用语言交流的情况为:听45%,说30%,读16%,写仅占9%。交际过程中参与交际的一方如果不能听懂另一方所说,交际便无法进行。由此可见听力在语言学习和语言交际实践中的重要性。

由于听力在当今人类社会生活中占有极其重要的地位,因此引起了国内外教育界人士的普遍重视。有资料说明,我国不少文、理、工、农、医等高等院校,尤其是重点院校十分重视学生的英语听力训练,有的甚至开设了英语听力课。许多干部英语进修班、短训班也把英语听力课作为必修课。这都说明,国内已有越来越多的人认识到英语听力的重要地位。

近年来,随着我国教育体制从应试教育向素质教育的转变,英语交际教学法正在逐步推广,广大英语教师也逐渐认识到,要根治中学英语中的"聋哑症",必须以听说教学为突破口。从1999年起,广东省率先把听力列入英语高考的重要内容,所占比分达20%。以后,国家教育部逐步向各省、市、自治区、直辖市提供了听力部分占20%的英语试卷。因此,对学生听力理解能力的培养会受到前所未有的重视,有意识地对学生进行听力训练已是大势所趋、发展所需。听力训练对培养学生运用语言知识进行交际的能力起着重要的推动作用。

可见,在英语教学中,加强听说势在必行,刻不容缓,也是时代赋予的一项重大使命。作为一名英语教师,一定要有责任感和紧迫感,勇挑这一重担。同时也希望有关教育行政部门及领导对这个问题给予足够的重视和必要的支持。

二、英语听力教学的现状

听力技能的培养是一个综合能力的培养,包括学生对句子、文章的理解能力、概括能力以及逻辑思维能力,同时也培养学生的语言交际能力。但在英语听力学习中,多数学生都怕听,更谈不上运用听力技巧。于是,面对极其简单的听力题,学生仍然跟不上速度,有时会显得束手无策,致使教师在教学中很难顺利、有效的完成听力教学。概括地说,当前英语听力教学的现状如下。

1.教师引导缺乏适度,教学重点定位不当。有些教师把听力教学当作考试训练,不给学生做相应的引导,就直接播放教材中的听力任务。对于听力教材中的生词,也不做说明,而学生在对话题不熟悉、没有相关的背景知识做铺垫的情况下,就会在听力教学中产生挫败感,这种听前缺乏引导或引导不够的听力活动,不能让学生体验学习的成就感。

相反,有些教师把要进行听力训练的教材,在听前从生词、句型到因果关系都进行了详细的引导,学生根本不需要仔细去听,就可以选择正确的选项。这种听前过细的引导,把听力训练变成了摆设或是走过场,这样的听力也失去了听力教学的意义,所以,如何适度把握听前的引导,是教师在听力教学中需要重视的一个环节。

一些教师缺乏分析把握教材目标的能力,把听力教学的目标和重点定位在完成教材的听力练习上。有时教师觉得教材上的听力材料太难,便将听力任务中需用完整回答的问题改为单词填空,并且填空的内容多为数字或学生很容易听出来的信息。事实上,用完整句子完成所听内容的练习旨在培养学生获取、理解并处理听力材料整体信息的能力以及用语言概括表述信息的能力,而教师将练习改为让学生关注细节的做法就无法实现设定的听力目标。

2.教材现状不容乐观。教材对教学大纲以及练习的设计和安排有着直接的影响,它能指导教师和学生课堂上的活动,在教学活动中起到非常重要的作用。优秀的听力教材既能为培养学生语言综合运用能力提供最佳的语料和实践活动,又能开阔学生的视野,在提高学生文化素质的同时,还要具有"可教性"。然而,现在所使用的教材周期较长,很难反映快速变化的时代,做到多样性和层次性,有些教材内容相对比较陈旧,无法很好的体现最新的教学方法和教育思想,体现其开放性。

三、英语听力教学的特征

(一)听的心理机制

在听、说、读、写四项技能中,听被称为"接受性技能"(Receptive skill),但是这并不意味着听就是一个被动的接受过程,实际听是一个非常主动的、积极的信息处理过程。心理语言学的研究表明,听的过程与人的记忆具有密切的关系。人的记忆分为感知记忆(sensory store)、短时记忆(short-term memory)和长时记忆(long-term memory)三种,三者各自承担着不同的任务,形成一个完整的信息记忆与处理系统。

外部信息经过感觉器官时,按输入的原样,保持一个极短的时间,这就是感知记忆。感知记忆又被称为感知登记(sensory register)或瞬时记忆(temporary memory),是指外部刺激以极短的时间一次呈现后,一定数量的信息在感觉通道内被迅速登记并保留一瞬间的记忆。感知记忆是信息加工的第一阶段。

短时记忆又称工作记忆(working memory)。是指信息一次呈现后,保持时间在一秒之内的记忆。短时记忆与感知记忆不同,感知记忆中的信息不被意识,而且是未被加工的,而短时记忆是操作性的、正在工作的、活动着的记忆。人们短时记忆某事物,是为了对该事物进行某种加工,加工过程后即被遗忘。如果有长期保持的必要,就须在这一系统中进行加工编码,然后才能被储存到长时记忆中。短时记忆中的信息既有来自感知记忆的,也有来自长时记忆的。因为当人们需要某些知识、规则时,便从长时记忆中提取,提取出的信息只有回溯到短时记忆,才能被意识到和备用。

长时记忆是指学习的材料,经过复习或复述之后,在头脑中长久保持的记忆。长时记忆是一个真正的信息库,记忆的容量似乎是无限的,它可以储存一个人关于世界的一切知识,并为他所有的活动提供必要的知识基础。信息由短时记忆转入长时记忆,需要对有关的信息进行组织加工。所谓组织加工就是将材料加以整合,把新的材料纳入已有的知识结构框架之中或者把材料作为合并单元而组合为某个新的知识框架。信息由短时记忆转入长时记忆时是如何被加工的,采用什么样的形式编码,在很大程度上依赖于材料本身的性质以及个人的个性特点。就语言材料而言,更多的是采用语义编码。例如,听到一篇短文之后,最终留在长时记忆中的是它的意义,而不是逐字逐句地加以储存。

从系统论的观点来看,感知记忆、短时记忆和长时记忆是一个统一记忆系统中的三个不同的信息加工阶段,它们之间不是彼此孤立的,而是相互影响、相互作用又相互联系的。

根据记忆的三个阶段,听的心理过程也包含三个主要的阶段。

在第一阶段,声音通过人的感觉器官进入感知记忆之中,并利用听话者已有的语言知识把这些信息转化为有意义的单位。信息在感知记忆中存储的时间很短(大约1/4秒),听者只有很少的时间对这些意义单位进行整理。在听母语时，这一过程一般都能顺利完成，而在听外语的过程中，当听者设法将连续的语流组织成有意义的单位时，很可能会出现问题。有时听者还可能在处理完现有信息之前，新的信息又会不断地涌入，从而导致听力理解的困难。

在第二阶段，信息处理是在短时记忆中完成的，也是一个非常短暂的过程，不超过几秒。在这一阶段，听者会把所听到的词或词的组合与储存在长期记忆中的语言知识进行比较，把记忆中的信息进行重组、编码后，形成有意义的命题。听者要对连续性的语流进行切分，切分的主要线索是意义。意义体现在句法、语音、语义三个层面上。在获取意义之后，听者一般会忘掉具体的词汇。在这一阶段，处理速度是至关重要的。已有的信息必须在新的信息到来之前处理完成，这对于外语学习者来说，很容易造成处理系统的信息超载，一个初级的外语学习者往往会因为处理速度不够快而无法从信息中获取意义。随着学习者听力训练的不断增加以及语言知识的积累，对于一些经常听到的信息的处理会成为一种自动化的过程，从而留出更多的空间来处理难度较大或者不太熟悉的信息。

在第三阶段，听者会把所获取的意义转移到长时记忆之中，并与已知信息相联系，确定命题的意义，当新输入的信息与已知信息相匹配时就产生理解。在这一阶段，当形成的命题与长时记忆中的已知信息相联系时，大脑便通过积极的思维活动去分析、合成、归纳，使其成为连贯的语言材料，从而实现意义的重构。然后将重构的意义而非原有形式在长时记忆中保留。

上述过程只是描述了听的过程中信息处理的大体步骤，而实际的过程要复杂得多，因为听的过程中的信息处理并不单纯依靠语言本身。听者必须把语言置于具体的语境之中，才能理解真正的意义。在听母语的过程中，听者会自动激活他们长期以来积累的文化知识、讲话人的背景等相关的信息，而且能够根据以往的经验在一定程度上预测下一步将要听到的内容。他们知道不同类型的人（年龄、性别、性格等）会以不同的方式表达不同的内容，在不同的场合（如医院、教室、办公室、车站、机场、餐馆等）以及讨论不同的问题时使用不同的语言风格。人们谈话的方式也会受到谈话参与者之间关系的影响，父母对孩子、妻子对丈夫、领导对下属、售货员对顾客等都会影响语言风格的选择。这些知识在上述三个阶段都会起作用。

听是一个积极的过程。在听的过程中，听者并不是被动地接收信息，而是通过积极地参与调动大脑中的已有的语言知识和背景知识进行积极主动的识别、分析和综合，来理解说话者所传达的信息和意图。

(二) 听的过程特征

听话具有主观性。听话中的主观性是不以人的意志而转移的，无论我们怎样努力减少，感知和理解中的主观成分都会或多或少地存在。认识这一特征有助于认识听话的性质、听力的构成和明确听力教学中的一些问题。大部分人在听一段比如，电影对白之类的语速较快、发音地道的英语时，随时都可能碰到一连串没听过的单词，或者是听着耳熟但又反映不过来的句子。

首先，从主观性看听话的性质。我们可以把语言声音看作刺激信号，根据这一刺激信号，人们在大脑中做出不同的反映，得出不同的结果，不同的反映和结果又是人们利用语言信号以外的外部信息和内部信息的结果。暂时没听明白，或者漏掉了一些细节，这并不是最可怕的。最可怕的是许多人会因此放弃了继续听下去的念头。其实，许多母语为英语的人士都不一定可以把语速较快、发音地道的英语片段中的所有单词逐个罗列出来。因此，在语言声音信号相同的情况下，听话的不同结果纯属主观原因。根据这一认识，我们又可以把所有通过感官得到的信息统称为"外部刺激信号"，把处理外部信号所需的知识称为"内部信息"，把包括整个听觉系统在内的参与信号处理的大脑称为"交锋面"，把听话结果看作外部信号和内部信息交锋的产物。在国外生活多年的人士可以轻松地看完一场英语电影，但他们不见得能把所有对白中的单词都听懂。现在外语教学法正在经历现代科学方法论的历程。现代科学方法论，就是系统综合方法论。系统综合方法是第二次世界大战期间发展起来的科学方法论。这个问题的解决跟其他的一样，离不开扎实的语音基础和庞大的词汇量，但它更大程度上是一个毅力和态度的问题。有不认识的单词是难免的，因此不要轻言放弃。每一段新闻广播，或是一段电影对白，都会有上下文或者情节的衔接。当时，在自然科学方面，由于科学技术日益复杂化、社会化，单纯的分析方法已不能解决问题，所以把目标转向综合社会科学。为了寻求用精密的科学方法来认识世界，也把注意力转移到事物的"结构"上来，在这种客观需要的形势下，系统论应运而生。在你认为是比较棘手的部分，记下尽量多的信息，哪怕是一个很简单的单词，在后面对白中，或许就会有某个提示性的句子或单词，让你茅塞顿开，你便可以有猜测前面漏掉部分的余地了。系统论的方法简单地说是从综合入手，而不是从分析入手；认为一切事物都存在着"结构"，是各种因素构成的集合体，这些因素是相互联系、相互作用的；一些小的系统相互构成一个较大的系统，一些较大的系统相互联系又构成一个更大的系统。人们都知道"提高听力水平要多听多练"的道理，但是常常只重视了"量"，而忽视了"质"。对听力材料浅尝辄止，表面上理解了，却似懂非懂，也不去深究，这样的听力训练并不能有效的提高基本能力。系统最显著的特征就是它的整体性。系统整体功能不是构成因素的功能的相加，而是整体大于它们的总和。系统方法把整体性原则看成是观察事物的出发点。相反，我们应该针对一些理解中出现的问题进行深入的反思并配合专门的训练。这就是对"质"的重视。此外，重视"质"还意味着要重视听力理解的准确性。

其次，从主观性看听力的构成。我们可以把外部刺激信号看成不带有任何信息，但可以指导我们在自己头脑里寻找有关信息的信号。听力学习过程是语言学习过程的一部分，所以对听力材料中语言点的学习，是不容忽视的。如果我们的头脑中并没有相应的贮存，我们便无法了解外部信号的作用。例如，没有学过外语的人就会对外语声音毫无反映。换言之，听话的结果取决于记忆结构。语言点一般包括值得重点关注的常用词和常见句式的意义、用法以及关键词或生词，或者是容易听错的地方。语言点的学习能帮助学习者注意词汇的发音、含义、用法以及句子的结构和含义等。记忆结构包括音、词、词组、句、语篇等语言知识，还包括语言在社会中使用的知识、社会文化知识和一切其他非语言知识，另外，在听话过程中建立起来的一切自动反映模式都可以贮存，并在适当的条件下自动发生作用。在听力任务结束后，配合语言点的讲解，有益于语言知识的扩展和听力技能的提高。如果只把听力练习当作听力测试，那就只会在乎结果，只会在乎测试题的对与错，这样的练习往往使听者的水平难有本质上的改变。因此，我们可以得出结论：听力是多方面能力的综合。

最后，从主观性看听力教学。认识听话的主观性、听话的性质和听力的构成对于听力教学有一定的指导意义。听力教学中的活动设计应尽可能和读、说、写相结合。语言的这些技能在本质上不是相互割裂的，实际，这些技能都是语言能力在某个情境下、某个具体的语言使用中的表现。主要有三点：①可以明确听力提高的途径，例如，多听可建立较多的自动反映模式，也可增加其他知识，但只有通过各门课的综合作用才能全面提高。英语教学中的听说读写活动,既有其独立性,又有其依存性,但是更多的情况则是几项活动互相结合,同时进行;②可以帮助我们认识非语言知识,尤其是社会文化知识,在教学中应把语言教学和文化知识学习结合起来,将这些技能相互结合运用在听力活动中,有利于学习者语言能力的全面发展;③可以使我们明确听力课堂教学中应如何具体要求和如何检查实际效果,例如,我们应当让学生把注意力集中在语义理解上,以提高听力的效果。在听力训练中,采用会话、听写、听后复述等方式,不仅可以集中听的注意力,并带动其他技能的发展,而且可以创造真实的语言环境,有利于培养实际的交际能力,从而收到事半功倍之效。

四、英语听力教学的内容和目标

(一) 听力教学的内容

听力教学的内容一般应包括以下几点:听力知识、语音训练、听力技巧、听力理解和逻辑推理训练等。

1.听力知识。听力知识包括语音知识、策略知识、文化知识、语用知识等。语音知识不仅是语音教学的内容,而且是听力教学的内容,因为听力的首要任务就是语音解码。因此,学生有必要掌握发音、重读、连读、意群和语调知识。对于听力理解,策略知识、文化知识、语用知识同样必不可少。缺乏一定的策略知识,就难以根据不同的听力任务选择适当的听力方式。缺乏对目的语国家的文化知识的了解,听的时候就会产生歧义,无法理解听到的内容。缺乏相关的语用知识,也难以真正理解对方说话的内涵,进而影响交际的质量。

2.听力技能。

(1)基本听力技能:根据学生的特点以及不同教学阶段,听力教学技能的目标是不同的。听力技能主要包括以下几点。

1)辨音能力:辨音能力是听力理解的最基本能力,包括音位辨别、重弱辨别、意群辨别、语调辨别、音质辨别等。

2)交际信息辨别能力:实施有效交际的关键之一是培养交际信息辨别能力,包括辨别新信息指示语、例证指示语、话题终止指示语、语轮转换指示语等。

3)大意理解能力:大意理解能力通常包括理解谈话或独白的主题和意图等。

4)细节理解能力:细节理解能力指获取听力内容中具体信息的能力。

5)词义猜测能力:指借助各种技巧猜测谈话中所使用的生词、难词等未知表达方式的能力。

6)推理判断能力:指对谈话人之间的关系、说话人的意图、情绪、态度和言外行为等非言语直接传达的信息,通过推理判断其深层含意,进而理解说话人的意图、谈话人之间的关系、说话者的情感态度等的能力。

7)预测下文能力:预测指对谈话下文所要出现内容的猜测和估计,从而确定事物的发展顺序或逻辑关系。

8)评价能力:对所听内容进行评价,表达自己的观点的能力。

9)记笔记:根据听力要求选择适当的笔记记录方式。适当的记录方式有利于听力信息的获取。

10)选择注意力:根据听力的目的和重点选择听力中的信息焦点。

(2)听力技巧:听力技巧包括听大意、听细节、听具体信息、听隐含之意、猜词义等。听力教学包含训练这些技巧的各种听力活动。在听力考试中,掌握正确的听力技巧,不仅可以事半功倍,还可以提高答题的正确率。

3.语音训练。语音训练包括对听音、意群、重读等的训练。训练的程序应从词到句,再到文。对于造成听力困难或容易混淆的语音应专项训练,例如,bed—bad,chip—cheap,pin—pen,ship—sheep,sit—seat 等。语音训练是为了增强学生的语音辨别能力,为提高听力理解打下坚实的基础。

4.听力理解。听力技巧的培养是为理解服务的,除了语音和技巧的训练之外,听力教学更多的应是通过各种活动,训练学生对句子和语篇的理解能力,使学生的理解由"字面"到"隐含"再到"应用",理解步步加深。

5.逻辑推理训练。在听力教学中,学生除了训练语音,还要训练逻辑推理能力,并提高自己的语法知识,因为语法和逻辑知识是正确理解和判断的必要条件。例如,当听到/hi:z redðəbʊk/这一串语音信息时,正确的理解是 He's read the book,而不会理解为 He is red the book。其实这依靠的就是逻辑推理能力。另外学习语言是需要语感的,在听力教学中,就是对信息有一定的预测能力,当能预知将要听到的信息范围时,头脑中该范围的知识储备无意中被"激活",那么听力理解的效果就会好一些。比如,在一段听力材料中,有四句话是关于 John 的,可以运用逻辑推理能力和必备的语法知识推断 John 的职业。

(1)John was in the bus on his way to school.

（2）He was worried about controlling the math class.

（3）The teacher should not have asked him to do it.

（4）It was not a proper part of the janitor's job.

事实上,在听这段材料时,判断是随时发生改变的。当听到第一个句子时,一般会认为John是个学生。但从第二句话所描述的职责来看,John应该是教师。可是第三个句子的出现又推翻了这一判断,又回到了最初的理解,即John是一名学生。直到最后一句话的出现才知道John原来是学校的勤杂工。

（二）听力教学的目标

听力教学的主要目的是培养学生在现实生活中进行真实交际的能力,能够借助听力完成现实生活中的各种任务,同时促进自己的学习和发展。随着学生认知能力的进一步发展,对学生听力能力的要求逐渐提高。听力教学的目标在不同的学习阶段要求也不相同。依据《英语课程标准》,听力教学的目标有以下几个要求。

1.二级要求。能在图片、图像、手势的帮助下,听懂简单的话语或录音材料;能听懂简单的配图小故事;能听懂课堂活动中简单的提问;能听懂常用指令和要求并做出适当反映。

2.五级要求。能根据语调和重音理解说话者的意图;能听懂有关熟悉话题的谈话,并能从中提取信息和观点;能借助语境克服生词障碍、理解大意;能听懂接近正常语速的故事和记叙文,理解故事的因果关系;能在听的过程中用适当方式做出反映;能针对所听语段的内容记录简单信息。

3.八级要求。能识别不同语气所表达的不同态度;能听懂有关熟悉话题的讨论和谈话并记住要点;能抓住简单语段中的观点;能基本听懂广播、电视英语新闻的主题或大意;能听懂委婉的建议、劝告等。

随着学习的深入,《大学英语课程教学要求》针对听力目标划分了三个层次。

（1）一般要求:能听懂英语授课;能听懂日常英语谈话和一般性题材的讲座;能听懂语速较慢(每分钟130~150词)的英语广播和电视节目,能掌握其中心大意,抓住要点;能运用基本的听力技巧。

（2）较高要求:能听懂英语谈话和讲座;能基本听懂题材熟悉、篇幅较长的英语广播和电视节目,语速为每分钟150~180词,能掌握其中心大意,抓住要点和相关细节；能基本听懂用英语讲授的专业课程。

（3）更高要求：能基本听懂英语国家的广播电视节目，掌握其中心大意，抓住要点；能听懂英语国家人士正常语速的谈话；能听懂用英语讲授的专业课程和英语讲座。

可见，听力教学活动的开展应以促进听力理解和技能运用能力的提高为目标，而不是检测对听力技巧的掌握程度。因而，听力教学应有技能训练与信息获取的双重目的，也就是说，教师在听力教学中不仅要训练学生的听力能力，还要让学生掌握听力材料中的知识点。

第二节 听力教学原则

语言教学中的听，实质上是理解和吸收口头信息的能力。在语言学习活动中，人们正是通过这种领会能力，获得大量语言材料，并促进说、读、写等其他言语技能的发展。由于近年来英语听力的分值不断提高，许多教师在听力训练中也加大了力度，但也许是没有找到一种合适的训练方式，收效甚微。下面介绍一些听力教学中所应遵循的原则。①

一、循序渐进原则

听力材料的选择应遵循循序渐进的原则，由易到难，并兼顾多样性以及真实性。教师在听力教学之初，应选择那些吐字清晰，连读、弱读现象少，并且语速不能过快的材料。听力材料尽量具有真实性，语音、语调真切自然，不夸张，符合在自然交际场合中的说话标准。另外，听力内容可以是社会热点话题、新闻、故事以及日常生活会话等，以激发学生听的欲望和兴趣，让学生在听的过程中确实有所得、有所知。随着教学的进程，教师可以在各个方面提高听力材料的难度，以满足学生的求知欲。

在听力训练方面，需要从最基本的语音训练开始，按照由易到难的顺序，确定听力培养的不同阶段，确立不同的培养目标。吴祯福指出，一个学习英语的

---

①黄有才．大学英语听力教学原则及其提高途径的探讨[J]．高等教育研究，2002(2)：70-71．

学生在听力理解方面大致要经历五个阶段。在第一个阶段,学生听到一串声音,对内容毫无理解。在这一阶段,教师要鼓励学生多听、常听,从而使学生对英语语音、语调产生一种语感,这种语感不仅对学生的发音有利,更重要的是学生会因此逐渐习惯英语的正常语流。

二、训练模式多样化原则

教师应该根据不同的训练目的,采用不同的训练手段。在课堂上,学生听教师和其他同学讲英语是培养听力的重要途径。教师可根据由慢到快、由易到难、由简到繁的原则坚持用英语组织课堂教学、讲解课文,并鼓励学生大胆讲英语,以创造浓厚的课堂氛围。另外教师应根据不同的教学目标选择不同的听力材料并采用不同的训练模式,比如,让学生区分练习各种语音,从而领会其表述的意义;事前给学生一些问题,让学生听材料时用母语给出答案;听以正常语速讲的所学过的各种对话;鼓励学生自由选听各种材料,然后说出或写出所听的内容。教师应尽可能地为学生创造听英语的机会和条件,通过听觉接触大量的英语,逐步发展听的能力。

三、明确目的,采用综合性和分析性相结合原则

综合性是指对听力材料进行粗线条的整体理解,这种原则可以解决听力题中对材料主旨的理解、对整体思想的分析等方面的要求。分析性指的是为了应对听力题中对细节部分的考查,而逐字逐句地分析细听。这需要学生在听时"抠"字眼,例如,对题中要求回答的事件发生时间、地点、年份、数字等就要求学生在听时特别注意此类细节并做简单记录。在听力训练中,由于听力题既涉及材料的通篇理解,又不忽视细节问题,所以要求学生把综合性与分析性结合起来,以适应答题的要求。每个听力活动都应有其目的,训练一个或者多个具体的听力技能。一个听力活动也可具有一个或多个训练目标,但要注意不要给初中级的学习者过重的学习负担。让学生明确每次听力理解的目标,这将有助于学生选择恰当的听力技巧进行练习。围绕听力活动的目的,要采取多种手段综合训练。单一的听力训练很容易造成课堂气氛沉闷,使学生对听失去兴趣。

四、分散训练和集中训练相结合原则

分散训练主要通过语言教学,不自觉地让学生接受听力的专项训练。教师在日常教学中例句、文章尽可能口头完成。这种潜移默化的影响对学生听力的

提高也有很大的帮助。集中训练指在分散训练的基础上，每周专门抽出1~2课时进行大量的、有指导的强化训练，对学生在听力中遇到的具体问题进行具体的帮助、指导。对于可能拼读或者读音有些相似的单词，教师应该进行分散训练。例如，conscience[ˈkɒnʃns]与conscious[ˈkɒnʃəs]，两个词有相同的前缀，读音也有些相似，教师应该对这类词进行专项训练，避免在听力训练中出现混淆。在分散训练的基础上，教师还可以进行短对话的集中训练、短文阅读的听力训练，有针对性地抽取听力理解难点，给学生训练，从而提高学生的听力水平。

五、听说读写有机结合原则

英语教学中的听说读写活动，既有其独立性，又有其依存性，但是更多的情况下则是几项活动互相结合，同时进行。任何一种能力的提高，都能带动其他的能力，反之，任何一种能力的缺乏，都会影响其他能力的掌握和提高。因此，英语教师应将听力训练与其他能力的训练相结合，齐头并进。

1. 视听结合。学生除了上课时听老师和同学讲英语、听英语磁带外，教师还应该充分利用多媒体技术，课内让学生多看一些音像视频材料，同时鼓励学生课外多看英语电视节目、电脑学习光盘以及网上视频英语等，使听觉与视觉一起参与听力理解活动中。由于视觉形象思维与逻辑思维相互作用，可以减少影响听速的心译活动，从而学生能够迅速准确地理解听力材料。

2. 听写结合，以写助听。听写结合的最佳形式是听写练习，它要求学生在有限的时间内将所听到的内容同步记录下来，这需要高度集中的注意力和对语言的敏感性。有的时候，听懂不一定能写得准确，只有二者结合，才能真正地提高英语水平。另外在大学英语四、六级的听力中常有Spot Dictation或Compound Dictation题型，这也是对听写结合的重视。教师在平时的教学中要有意识地培养，鉴于这种训练难度比较高，在听写起步时可以听一些基本词语和简单句型，进而听写课文和与课文难度相当的材料。

六、符合交际需要原则

听力训练的最终目的是培养学生听懂地道英语的能力，以适应交际的需要。在平时的教学中，教师应坚持用正常的语速说英语，并严格要求自己，力求发音准确无误。由于听录音是培养听力的有效方法，因而教师要充分利用各种电教设备,让学生多听地道的英语,并让学生习惯于听不同年龄、性别、身份的人在不同场合的发音。偶尔也可以让学生听一些地道的英文歌曲,以此来提高学生的学习兴趣。

第三节 英语听力技能

语言的熟练掌握和运用通常是通过听、说、读、写四种基本技能的学习和实践来完成的。英语学习亦如此。听力作为英语学习的四项基本技能之一,在大学英语教学中占相当重要的位置。听力不是听觉,而是一种综合技能。在各种各样的英语考试中,听力被称为 listening comprehension。comprehension 意思是综合理解能力,这就要求学生首先要具备坚实的语言基础,如语音、语调、词汇和语法等;其次,学生还须掌握一定的文化背景知识,以便充分理解英语中的一些固定用法和习惯表达。此外,学生还应该具备瞬时获取信息、储存信息于短期记忆之中并加以总结归纳的综合技能。根据语言学研究的成果,听力技能在综合运用语言的能力中占有非常重要的地位。运用语言就要求使用者有产出,而产出的多少和效率则取决于语言的输入。作为一种接受性技能,通过听的信息输入,对综合运用语言能力的形成有着直接的影响。

一、听力技能的训练

听力技能(listening skills)训练的方式很多,教学策略性就在于根据具体的教学需求选择适当的训练方式。不同的训练对训练方式的要求不同,不同的学习者所适应的训练方式同样存在差别。因此,在选择听力技能的训练方式时必须关注学习者的差异、教学内容的差异和教学阶段的差异。

(一)听力技能的内涵

要训练听力技能首先必须明确都有什么听力技能。对于听力来说,应该训练的技能主要有以下内容。

1.语音解码。语音解码能力是听力的基础,不能自动识别语音语调则难以理解来自语音符号的信息。语音解码包括对音节、重读、连读、意群、节奏以及语音、语调等方面的解读,因为所有这些都会影响听者的理解。如下所示。

John said,"My father is here."

"John,",said my father,"is here."

两句话意群不同,意思也不同。

很多中国学习者因为不习惯英语的连读、送气减弱等语音现象造成对所听信息的错误理解。语音自动解码能力是听力教学的起点和基础。

2. 选择注意力。选择注意力,事先决定把注意力集中在语言输入的哪些方面上。在听的过程中能将注意力集中于某具体信息或者是文章的总体信息,否则在听的过程中就可能受到来自信息源各种信息的干扰,影响对所欲获取信息的提取。注意力的选择与听的目的有关。如果听的目的是获取有关事故发生地点的信息,听者就必须能够把注意力集中到与地点有关的信息上;如果听的目的是了解事故发生的原因,听力就应该能把注意力集中到原因表达方式上,如 because of,on account of,for,as a result of,lead to,bring about,cause 等短语上,或把注意力集中到事故前后的相关事件上。

3. 大意理解。大意理解是听力理解中的核心技能要求之一,要求听者能够综合所听信息判断其反映的主题、话题等。由于听力中听者倾向于关注具体信息,加之听力对短时记忆能力的要求,很容易出现听者只见树木不见森林的现象。大意理解对听力教学来说是必须训练的技能。但是,由于所听材料自身的问题,并不是所有的听力都可以设计大意理解活动,也不是所有的学习者都需要训练大意理解。例如,小学阶段由于听力材料的局限性以及儿童认知特点,一般不做大意理解的技能训练。

4. 细节理解。细节理解属最初理解,要求读者能够通过句子、语篇的理解准确。与大意理解不同,细节理解是所有听力教学都必须关注的技能。细节理解表现形式很多,可以是信息的判断、信息的提取、信息的再现,而细节理解的训练方式也是最多的。教学策略的本质就在于能够根据要求选择适当的训练方式。

5. 推理推论。推理推论是高层次技能,对于听力来说,推理不仅包括理解事情的前因后果,理解说话者的言外之意,更要理解语句的言外行为和会话含义。语言具有言内行为、言外行为和言后行为之分,交际中只有正确理解说话者的言外之意才能有得体的言外行为。

6. 词义猜测。根据上下文信息判断说话者所表达的含义是信息理解的基础,听力中听者总是要根据上下文的信息判断说话者在讲什么,将要说什么。因此,词义猜测也就成了必需的一种能力。

7. 记笔记。记笔记能够帮助记住所听的内容,如果听完就忘,岂不是前功尽弃?练习记笔记首先要明确"记什么"。听力内容信息量大、语速快,除非经过特殊速记训练,否则是不可能全都记下来的。所以要记的是关键内容,包括关键词、主题句,还有想获得的重要信息。记录时,尤其要重视动词、名词和形容词,因为它们往往承担着最有价值的信息。然而,记笔记其实是听力的一种常用技能。有时打电话时需要记录对方所说信息,如见面的时间、地点;听报告时也需要做适当的笔记;有时为了避免遗忘也会就所听内容做适当记录。因此,做笔记不只是为了训练书写能力,更多的是培养一种生存能力。

(二) 技能训练的环节与方式

听力教学的基本模式告诉我们,听力教学由准备、呈现、训练、应用等环节组成,训练的环节应该是在呈现环节之后,应用环节之前。当然,实际教学中也可能把训练安排在应用之后,也就是,当通过应用发现学习者某项技能的问题时就可以进行专项训练。

与其他环节不同,训练要求一定的频度和量,而应用可以是一次的行为,呈现也是一次的行为。如果只安排了某项技能的一次性活动,那么活动就起不到训练的作用。

训练可以是基于情景的训练,可以是脱离情景的专项技能训练。也就是说,训练时可以将某项技能分解,而应用则需要听者整体把握。

每项技能的训练方式都不是一种,教师在设计课堂活动时必须首先明确训练的目标,然后分析教材,分析学习者的需求,否则难以选择恰当的方式。

二、听力技能的应用

教学的策略性告诉我们,没有应用就没有技能的掌握。要帮助学习者掌握听力技能就必须在训练的基础上进行。要设计应用性的活动,首先必须明确什么是应用。

所谓应用就是在未经告知的情况下学习者能够运用某种技能解决问题,完成任务。通俗地讲,在没有告诉学习者必须根据表示原因的动词判断因果关系的情况下,而学习者却可以通过对表示原因的动词的理解判断听力中的因果关系,就说明学习者能够应用这一技能。

与训练不同,应用前并不明确所使用的技能;与训练不同,应用必须是新的语境、新的任务、新的问题;与训练不同,应用要求活动具有真实性,人物角色具有真实性,活动目的具有真实性,活动形式具有真实性。

要设计技能的应用活动首先必须明确每项技能的具体体现。大意理解是听力的一种技能,但如果只是让学习者听后判断听力材料的主题则不是技能的应用,因为学习者在理解时所利用的不是听力理解大意,而是运用了某种技巧帮助自己理解大意。因此,在设计听力技能应用活动时必须明确每项技能的实践方式。

以推理判断为例,学习者可以根据各种方式进行推理判断,如表示拒绝的方式可以是直接拒绝,可以是先表示接受然后转折陈述不能接受的理由,也可以是提供解决问题的其他方式。听者就可以通过这些信息判断说话者是接受还是拒绝。如下所示。

Boss: Xiao Zhang, can you stay behind to finish the task today? We need to hand in the report tomorrow.

Xiao Zhang: I am glad to, but my mother is in hospital and I have to go to take care of her this evening.

Xiao Zhang: Xiao Wang has no arrangements this evening. I think he is the best person for it.

Xiao Zhang: I think we'can talk to the company and hand in the report a moment later.

如果训练时借助这些技巧进行推理,就可以设计新的语境,让学习者判断回答者是接受还是拒绝。

再以词义猜测为例说明。词义猜测的方式很多,可以利用上下文,也可以利用同义词、反义词,还可以结合后面的例证。如果训练的是根据上下文猜测词义,在应用阶段就可以给出一个新的语境让学习者猜测单词在新语境中的意思。但是,学习者能够理解并能够回答问题不等于说学习者能够利用所学技巧,尤其是当问题采用匹配和选择的形式时,因为匹配与选择会涉及很大的猜测成分。即使是回答问题,同样会出现回答正确而未能真正理解的现象。要评价学习者是否真正能够应用某个策略,在教学活动反馈时可以采用让学习者介绍自己是如何判断的,也可以给出集中选择让学习者选择自己的判断方式。

三、英语听力训练中的策略

(一)听力训练中的策略特点

任何学科都有其特定的研究对象,这是建立一门学科的首要条件。人类的语言文字教育具有悠久的历史。现在,英语学科是普通教育中占课时最多的主科之一,它担负着对学生进行外国的语言文字教育的重任。从英语教学所占的课时、所承担的任务,以及对社会生活所起的作用来看,英语教育的影响是巨大的。课堂中的听不同于现实中的听。尽管听力可以作为检测语言学习的方式之一,但听的教学应以培养学生的听的能力为目标,教学活动的开展应以促进听力理解和提高技能运用能力为目标。在听、说、读、写等语言技能的获得过程中,听、读是最重要的语言输入途径,没有足够的语言输入量,就不能实现"初步运用英语进行交际的能力"。因此,听力成为现行高考测试的必考项目。英语听力教学与训练一般分为入门、初级、中级和高级四个阶段。如何训练学生掌握这些技巧,进而提高听力水平。英语听力理解除了考查学生听懂与否,也要考测他们的短时记忆能力。考生应具备瞬间获取听到的信息,并能将它储存在头脑里,最后经过综合归纳,求得解题的能力。这就需要任课教师采用正确的策略和方法,在这一阶段的课堂教学要做到以下几点。

1.首先要让学生分清字母、音标及基本句型。

2.进行句型练习的听力训练,这样就可把句型、词汇和语法结合起来。

3.听一些浅显易懂的英语小故事或科普文章。

4.在进行课文教学时,配合听课文录音,或先听后读,或先读后听,都可以达到从声音入手反复熟悉课文的目的。

5.注意精听与泛听相结合。

6.注意及时测试。

要在听力上获得高分,一方面,平时要多听多练,打下扎实的基础;另一方面,把握高考英语听力特点、命题趋势、应试技巧等知识,有利于进行有针对性的、科学的训练,从而进一步提高听力水平,在考试中稳操胜券。听力是领会言语含义的一种能力。课堂教学中的听,除了具备现实中听的特点以外,还有其自身的特点。因此,听力理解要考核的能力概括为三点:一是听懂英语的能力;

二是短期记忆英语的能力;三是理解和处理英语信息的能力。总的来看,课堂中听的目标特点有以下几点。

(1)作为其他活动的跳板。

(2)作为听力训练的方式。

(3)作为听力检测的方式。

(4)作为获取信息的方式。

(5)作为技能训练的方式。

现行听力测试的主要题型有对话理解和短文理解。对话理解考查学生在一定语境或情景中所表现出的快速反映、推理判断能力;短文理解则在此基础上考查学生对一个结构比较完整、意义相对连贯的语段的理解能力,是一种层次较高、难度较大的听力测试形式。通过听觉领会言语是一个复杂的过程,它包括接收信息、识别、判断和理解声音、信号等几个层次的快速心理活动,因而要求听者具有一系列的听力技巧。由此可见,听懂是理解的前提,听不懂内容,理解就无从谈起;但善于摄取并短期记忆听到的信息,才能转化为解题的钥匙。如果听懂了却未能记住,当回答问题时把内容给忘了,这样的结果与没有听懂并无多少差别,这将直接影响考生的听力成绩。当然在阅读中应该细心揣摩该词的使用范围、感情色彩、语用环境以及语法搭配等,不能只是把好的词汇和表达堆积就行了。全凭脑子记忆,有时不胜负担,因此借助手做一点记录是必要的。听到信息繁复的材料,若遇到数字、时间年份、单位名称、专有名词、比较关系、条件或因果等,可随手记录要点,防止遗忘而无法解题。

总体说来,听力教学有以下几个特点。一是,听力教学是一个有机的系统。听是语言的吸收,而吸收的最终目的是为了表达。由于听的过程进展很快,必须采取速记的办法,在草稿纸或卷子边缘上,写下关键词语或重要数据。考生可以根据个人情况和记录习惯,摸索出一套适用于自己的、行之有效的速记方法。因此,我们应该将听、说、读、写等方面结合起来,形成一个相互作用、相互促进的教学体系,并以此来进行教学,使学生的语言能力得到全面发展,形成一个整体。要全面掌握英语,必须在听说读写上下功夫,四会能力环环相扣,不可分割。根据有声语言第一性的原则,在学习规律上听是放在首位的。听和其他能力之间相互促进和提高。目前英语高考试题中,对听力提出了很高的要求,所占比分很重;通过测验和考试,促使学生掌握用听来摄取英语信息的能力;二是,任何一种听力教学方式都有循序渐进的发展过程,由易到难、由浅入深、由少而多、由点及面、反复循环。作为教师,应该充分理解并利用这种特性,因材施教,取得良好效果。可以利用缩略字、符号、图形等各种自创的形式,快速记录瞬间映入脑际的重要信息。但记录不宜太潦草、太挤、太乱,以致自己事后都看不懂。在听力理解应试的对策中抱有失才有得的心态很重要。

听力理解和阅读理解有相同之处,两者都是多种能力的综合体现。应试者需具备扎实的英语基础,包括熟悉语法、掌握较丰富的词汇、具有较强的理解能力。在现阶段,阅读理解的文章长度和难度超过听力理解。需要注意的是,在现阶段,对于绝大多数理工科院校的非英语专业学生来说,这种方法在外语教学中只宜于偶尔为之,因为与英语专业学生比较而言,这些大学生英语功底普遍不很扎实,自学能力也不是很强。可考虑优先在快班的教学中采用。但听力理解较阅读理解难在考生必须在听的瞬间辨别文字和捕捉信息,不能回复审视,只能用脑记忆,快速做出反映和解题。为了使课文的整体教学发挥最大的效益,就必须保证学生的基本素质,尤其是听说能力。这种训练最好在语言实验室进行,教师应有意识、有侧重地选择听说材料或教材,新选材料的难度应低于课文的难度。对听力理解题的目的和意义,以及它自身的规律有了了解后,就能在心理上有所准备,以便根据要求有针对性地去加强训练,迅速提高自己的应试能力。听力理解过程首先是由"树"过渡到"林"的过程,即自下而上的信息处理方式。我们通常称这种方式为微观信息处理,其流程是词汇(音素)→词组→句子(基础阶段)→段落→篇章(高级阶段)。听英语不比看英文,由于语速快、口音不熟悉、内容较生疏等瞬间出现的情况,往往感到模模糊糊,一晃就过去,无思索回旋余地,对策不当会使考生阵脚大乱。所以在接受新的信息时,对每一句话的正确分解与理解,决定了理解该句的难确程度;听懂每一句话将决定理解整个段落的准确程度。

听力理解的过程中,注意力必须高度集中,但千万不要紧张,必须沉着应变。由于紧张,有的考生对开始的几个单词或句子未曾听进去,严重影响情绪,因此要马上控制和稳定住自己,才不至于损失后面的。以上提到的是几项主要技巧,其他还有辨别讲话人的情绪、弦外音、记忆细节等。如果教师不向学生传授这些技巧,只是一味地放录音让学生听,几遍后对对答案了事,学员的进步则会十分缓慢。在整体听和理解的前提下,着重注意与解题有关的要点。个别单词听不懂,尤其是不影响对整个句子或段落理解的,可置之不理。如果把注意力过于集中在细枝末节上,如一听到生词就去揣摩其含义,结果常常顾此失彼。由此可见,分解、理解句子和准确把握段落的意义,取决于听者脑中已存的、关于输入信息的"内存知识"。输入的新知识与已存的知识之间的"距离"大小将决定听力理解的效果。不要希望每一个词都听不漏,而应该从解题的实际目标出发,有侧重地听。平时训练时就应加强这一点,应考时才能减少心理压力,使自己心态平稳,发挥出正常水平,取得好成绩。教师若分期把这些技巧向学生仔细讲解、示范,并通过反复练习要求学员熟练掌握,能不失时机地进行启发,使放音与收听同有针对性的讲解和阶段性的检查结合起来,在纠正错误时指出所犯错误的原因,那听力训练就会收到好的效果。一般而言,大多数人在做听力测试时都不可能一字不漏地听懂,对于一些枝节可不去理会,只要不影响解题。即使有关系,也不能为此迟疑或停顿,牵连到其余内容听不好,而让局部影响整体。这样一来,听力课教师在备课之前,首先应该"备"学生,看看他们对听力内容的(汉语)了解程度和已掌握的英语词法与句法知识,因为英语词法与句法知识不足就很难分解短语和句子。为了增进听力理解的能力,除了加强听的训练,也要提高会话能力,听和说是密切相关的,当自己能够流利地说英语,听起来就很顺当。它们共同的特点是,一日不听或不说就会生疏,应验了"拳不离手、曲不离口"的道理。同时,对听力内容理解程度的高低也会直接影响听力的效果。扩大英语词汇也必然促使听力的提高。随时多读英语文章和著作,是吸收语法、词汇、句式、文体、背景和文化知识,全面提高英语能力的重要途径。

(二) 课堂训练的策略

教师在听力教学过程中需要做两方面的工作:一是帮助学生建立与教学内容相关的图式。要做到这一点,必须注重文化背景知识的传授,如英美国家的政治、经济、宗教、习俗等。同时,也不能忽视语言图式的建立,包括语音、词汇、语法等方面知识的传授。学生应该打好牢固的语音基础。自己的发音标准了才能确保听音的正确。应该熟悉和掌握英语的音素、音节、重音以及音的同化、失去爆破,音节的重读和弱化,包括词与词构成的意群、句子的语调等,还应能辨别和听懂英式和美式等不同的音调和风格;二是要设法"激活"学生头脑中已有的图式,把他们的知识和经验充分调动起来,从而增强消化吸收新知识的能力。从组织教学的角度看,充实学生的知识图式结构要比设法激活它容易做到,那么如何在听力教学中激活学生的知识图式呢?课堂上,教师要有计划、有步骤地训练学生掌握一些单项听力技巧。它可以用一个或几个词、一个短语或一个句子来概括,此类题要求考生听懂材料的内容并对其做出归纳和概括。这些技巧大体包括以下几点。

(1)抓要点:重点理解并记住所听材料的主要信息,克服力求听懂每句话、每个词而平均分配注意力的错误心理。

(2)推理、猜测:依据上下文,或录音中的复加信息,如语调、语气及伴随的其他声音等,对某些没听懂的部分进行合乎情理的推理或猜测。

(3)预测:根据题目、图表、练习题等线索加上听音本人的自身经验来推测、判断将要听到的内容,有助于很快理解所听材料,在语音入门阶段应重视纠正个别发音和句子朗读中的错误,养成良好的英语发声和说的根基。

(4)目的不同,听法有别:对于所听内容的目的,要求不一样,听者的侧重点及听的方式会有很大的差别。比如,听新闻一般是记住新闻要点,要着重注意最前面具有综述性质的导句;听天气预报,则要了解温度、风、雨、雪等细节;听讲座,必须跟上讲话人的思路,弄清楚其要表达的中心内容、分为几大部分、每部分的要点是什么等。

(5)准确反映数字:一个数字常常有几种读法,熟悉这些不同的读法,并能准确记录下来。有条件的话,可在老师或外籍人士的指导下进行正音。为了听懂别人说的话,自己也应该学会说,因此要重视口语练习,听和说是不可分割和互为补足的。

教师在课堂上应把听力理解的训练放在重要位置上,并且鼓励学生在课外利用各种渠道接触听说,强化这方面的能力。学生平时要加强朗读英语文章,坚持不懈地、广泛地听各种不同的英语有声材料,包括教材、传媒等。教师可以把听力教学分为3个阶段:听前阶段、听中阶段和听后阶段。在听之前,教师可以通过"预测"练习或利用关键词来提示材料的背景、范围、功能,激活学生内在的相关词语、句式以及其他已知信息。有关听力测试的材料要多听、反复听,做到凡是看得懂的都能听得懂,摸透考试路子,只有这样才能稳步提高自己的听力技能,游刃有余地应付听力理解考试。

第六章 大学英语口语教学

英汉语言的文化差异是客观存在的。英语口语教学是否成功,在某种意义上说,就在于能否帮助学生消除文化障碍。在教学中,教师除了使学生掌握和提高语言的基本功外,更要使他们了解英语国家特定的语言环境、特定的文化母体及特有的文化观念等,努力扩大知识视野。只有这样才能弥合文化的沟壑,才能在交际中随机应变,对答如流,达到预期的交际目的。

目前,许多高校在大学英语课堂教学中都开始重视口语教学,开展了形式多样的口语课堂活动,考核中也增加了口语测试部分,借以督促学生加强英语口语练习和提高对口语的重视程度;有的学校也对现在的大学英语教师提供机会进行深造,全面培养大学英语教师,加强师资队伍的自身素质。因此,培养学生的口语表达能力不仅是英语教学基本目标,而且,通过口语表达能力的获得与提高可以有效的激发学生英语学习的成就感,提高他们学习英语的兴趣,从而有助于学生综合能力的培养。

第一节 英语口语教学的理论基础

一、口语表达的心理过程

口语表达的心理过程,从信息加工理论的角度说,它的心理活动包括编码和传码。

编码,即说话人在说话动机的驱使下,用极简缩的内部语言确定说话的大致内容,接着将大脑中储存的词语、句子、语气选择出来,按照一定的语法规范组织起来,形成比较完整的内部语言,这就是编码的心理过程。

传码,当说话人的内部语言组织完毕之后,说话人就会迅速地借助发音器官——呼吸器官、喉头和声带、口腔和鼻腔的协调运动,将内部语言转换成有声的外部语言,传达给听话人。这就是说话传码的心理过程。

在编码传码这一心理过程中,具有三个明显的心理特征。

1.思维的敏捷性。说话和听话都是两个人或多个人面对面的口头言语交际形式。由于是面对面的听说情境,说话人就不可能说说停停、停停说说,一般都是按逻辑、随语流,连续不断地把一件事、一个问题说完,以免造成时间空当而冷场。这就需要说话人快速组织内部言语,快速从大脑词汇库中搜寻筛选出准确、生动、形象的词语,按照现代汉语语法规范造成完整的句子(编码),然后借助发音器官的活动,清晰流畅并富有感情地传达出去(传码)。这种瞬息之间的持续循环的遣词→造句→传达,就是口语表达——编码、传码的敏捷性。

2.思维的选择加工性。说话总是要表达一定的思想内容,或叙述一件事情,或介绍一种物品,或证明一个观点。但无论表达什么内容,都必须借助词语、句式、语气等,而在众多的词语、句式、语气中,并不是任意捡一个就能表达某个思想内容的。这就必须进行选择,即说话人必须从大脑储存库中选择准确的词语、恰当的句式、合适的语气。这就是编码的选择性。但是,选择出来的词语、句式、语气,只是一堆杂乱无章的材料,还不能准确地表情达意,需要大脑"编辑师"把这些材料按一定的语法规范编辑成一个个句子,然后才能传达出去。这就是编码的加工性。

3.思维的零乱性和疏漏性。无论说话人思维怎样敏捷,在现想现说的当面口头交际活动中,有时想(编码)是跟不上说(传码)的。这就造成了想与说之间的速度差。说话人为了弥补这种速度差,往往就会填充一些"啊、嗯、这个、那个、这就是说"之类的语言杂质;或重复前面的内容,或补充前面的内容。致使传码结结巴巴、颠三倒四。这就是传码的零乱性。

由于编码需要快速反映,传码的特点往往是句子短、少修饰、有省略、有追加等,使得表意不完整、不严密,这就造成了传码的疏漏性。此外,由于说话是先编码后传码,大脑的工作程序是"编码→传码→编码→传码"循环运行,直至把话说完。在这个循环过程中,由于编码—传码的时间差极小,有时大脑运行就会出现"一心不可二用"的跳格现象,即按内容的需要或语流的连贯性,本来都想好要说的,但瞬息便忘了而跳到另一个内容上去了,这也是传码的疏漏性。

二、影响说的因素

根据口语产生的心理过程,可以看出影响说的因素主要包括心理因素、文化因素、语言因素以及背景知识因素四个方面。

1. 心理因素。口语表达是一个非常复杂的心理过程,要想使这一过程顺利高效地完成,需要讲话者处于轻松的、精力集中的心理状况下。紧张、恐惧、焦虑等不良情绪都会影响口语产生过程的正常进行。

2. 文化因素。语言是交际的工具,同时语言的使用也是一种社会的规约,在不同的文化中,人们在什么时间、什么地点、向什么人、用什么样的方式、讲什么样的话都有固定的规则习惯,外语学习者需要学习并掌握这些规则才能有效的使用语言进行交际。

3. 语言因素。语言是由语音、词汇、短语、句子和语篇构成的,足够的语言知识是口语表达的基础。尤其是要掌握一些常用的习语和句型。每种语言都有一定数量的习语和基本句型,它们往往是一些常用的特定意义的句子、短语甚至单词,学习者要对它们熟记,而不必进行语法分析,这样可以在使用的时候张口就来,从而大大减轻口语产生过程的工作负担,提高口语的流利程度。

4. 背景知识因素。在听力教学部分谈到,学生知识面的宽窄直接影响他们听力理解的能力,学生熟悉的内容听起来会更加容易。同样,背景知识也会影响学生的口语表达。口语交际要做到言之有物,首先要求学生具备相关的知识。

综上所述,要想具备良好的口语能力,学生除了具备心理因素和背景知识方面的内容外,还需要具备三个方面的知识。

(1) 语言结构知识:包括语音、词汇和语法,学生能够使用正确的单词,按照正确的次序排列,并发出正确的读音。

(2) 功能:包括信息的传递与互动,学生能够知道什么时候表达清楚的信息,什么时候不需要精确的理解全部信息。

(3) 社会文化规则与规范:包括话语的转换、讲话的速度、停顿的长短、参与者的角色等,学生要知道如何在谈话时把谈话人之间的关系、具体的环境、谈话的主题和谈话的目的考虑在内。

三、会话结构

会话是说话人与听话人在同一时空内进行的有特定交际目的的言语行为，是日常言语交际里最常见的言语行为。所谓会话结构，简单地说，就是一次会话中由会话前阶段、会话实施阶段和会话后阶段构成的完整结构。口语表达能力主要指参与会话的能力，因此，会话结构分析对于口语教学具有重要的指导意义。"对于会话结构的研究可以从两个方面入手。一是从整体上看一个完整的会话过程是怎样构成的，即会话怎样开始，怎样结束，其间又是怎样发展的，这是对会话整体结构的研究；二是研究会话的局部结构，一次会话活动是由参加者一次接一次的发言所构成的，一个参加者的发言和另一个参加者的发言之间有什么联系，如何构成连贯的话语，他们如何更迭，这是会话的局部结构所要解决的问题。"会话结构的研究所涉及的内容很多，在这里只介绍一些基本的概念。

(一) 预示语列 (pre-sequence)

会话是一种最基本的语言使用方式，任何会话都要实现一定的交际功能，以言行事。例如，请求、邀请、宣告等，在此之前，讲话者先用某些话语进行探听，看是否可向对方实施某一言语行为。讲话者所讲的这些话就是预示语列。如下所示。

例1. 请求前语列（pre-requests）

A：Do you have the blackberry jam?

B：Yes.

A：Okay.Can I have half a pint then?

B：Sure.

例2. 邀请前语列（pre-invitations）

A：What are you doing?

B：Nothing.

A：Want to play chess?

B：Sure,why not?

例3. 宣告前语列（pre-announcements）

A：I forgot to tell you the two best things that happened to me today.

B：What were they?

A: I got a B+ on my math test…and I got an athletic award.

(二) 插入序列 (insertion sequences)

插入序列是毗邻应对的第一部分和第二部分之间嵌入其他毗邻应对的会话序列,根据插入序列中各个话语的内容和关联性。典型的会话格式之一是一问一答:Q—A。始发语一般是个疑问句,而应答语则要求根据始发语所表达的言语行为做出反映。但是在实际的会话中,人们往往会在这一问一答之间添加插入语列。如下所示。

A: Are you coming tonight? (Q1)

B: Can I bring a guest? (Q2)

A: Male or female? (Q3)

B: What difference does that make? (Q4)

A: An issue of balance. (A4)

B: Female. (A3)

A: Sure, you can. (A2)

B: I'll be there. (A1)

在上述会话中,Q1和A1构成一个问答,但是其中插入了另外三个回合的问答,Q2—A2,Q3—A3和Q4—A4都是插入序列。

(三) 话轮转换 (turn-taking)

会话的特点是话轮转换(turn-taking),发话者和受话者不断地交换角色,即发话者变为受话者,受话者变为发话者。日常会话的基本结构单位就是话轮,构成话轮的语言单位可以是一个字、词、句子或更大的单位。会话中有一条潜在的规则,会话者自然地、无意识地遵守着这样的规则,即每次至少有一方,但又不多于一方在说话。会话中,每个人一次说的话,称为一个话轮。话轮单位的特征包括:①能够预测它的终结位置;②能够在单位以内具体表明终结时邀请哪一个人接着说话。

选择一个说话者的具体方法包括以下几点。

1.提问(或邀请、要求)加称呼语。例如,"What happened, Tony?" "Tony, tell us what happened."

2.陈述句尾加称呼语。例如,"But, Tony, what you said is not right."

3.各种证实听到和理解的话语。如"Who? You did what?" "Pardon"等。

话轮转换的规则可以简要地概述如下(其中C指当时说话的人,N指下一个要说话的人):①如果C在当时的话轮中选择N,那么C必须停止说话,而N必须接着说;②如果C没有选择N,那么会话中C以外的具他参加者都可以自我选择,谁先说话,谁就占据了下一个话轮的机会;③如果C没有选择N,也没有其他参加者做自我选择,那么C可以继续说话。

(四) 会话的总体结构

会话应有一个总体结构,用于不同目的、不同环境下的会话会呈现出不同模式。会话的总体结构通常被认为由开端(opening)、主体(body)和结尾(closing)三个部分组成。开端和结尾更能体现出结构上的特点,因而受到研究者们的关注。比较不同语言会话的开端与结尾也成为对比语用学(Contrastive Pragmatics)的一项重要内容。例如,打电话时总是以开场白作为开始,然后是一个或者几个话题的对答,最后以交换告别语(如bye,cheers等)而收尾。在收尾前往往有一些预示收尾的话语出现(如Okay,all right,so等)。告别语和预示收尾的词语使收尾显得自然协调。

第二节 英语口语教学的原则

英语口语教学主要是为了培养及训练学生对语言知识的转换能力,即让学生通过读和听获得信息,并在原有知识的基础上对它们进行加工、重组,并赋予新的内容,然后再输出语言,完成整个交际过程。通过对口语的特点和具体要求来分析,可以看出,对口语教学目标的定位应该是培养学习者流利表达和有效交流。为了达到这一目的,口语教学必须遵循相关的原则,以达到最佳教学效果。从具体的实践看,在教学过程中应遵循以下教学原则。[①]

一、尊重学生的主体性原则

口语课的成功与否在很大程度上取决于教师与学生定位是否准确。传统的教学方法决定了教师是课堂的主宰,而学生则处于被动、消极的地位,因而造

---

① 王勃然等. 论大学英语口语教学的原则及方法[J]. 东北大学学报(社会科学版),2001,3(1):59-61.

成课堂沉闷,学生发言机会少等问题。口语教学应把课堂的中心转移到学生身上,学生应该是教学的出发点,是教学活动中积极、主动的参与者。保持学生的这种积极性和主动性是口语教学的关键。但从口语教学实践来看,尽管大部分学生对口语学习有高涨的热情和强烈的动机,但有的学生出于对口语课的特点认识不清,把握不准,在交际过程中一旦遇到困难,没有达到预期效果时,便会变得心灰意冷,丧失信心,甚至产生不敢(不愿)说的畏难情绪。这种情绪又反过来在某种程度上削弱学生的学习动机,挫伤其积极性,这就要求教师在教学过程中采取相应的措施去激发和保持学生的学习动机。因此,教师在教学过程中应保持教学内容的新颖性,课堂讨论的话题应该对学生具有吸引力。对于一些学生自身感兴趣的话题,学生讨论起来将会更加积极主动。在学生开展口语活动,尤其是自由表达时,教师纠正错误不宜过多,可采用互相纠错、全班纠正等多种形式纠正明显的基本结构错误。实际操练时,应以鼓励为主,切不可语气生硬或言辞激烈,否则会挫伤学生的积极性。

二、先听后说、循序渐进原则

听是说的前提条件,在交际活动中听和说是相辅相成的两个方面。学生通过听获得知识信息,接触到大量的英语词汇,进而激发表达思想的强烈愿望。当具备大量的语言储备时,才会有真正意义上的口语会话,这也是大量听的必然结果。可见在听懂的基础上进行模仿,不仅能够加快反映,还能提高说的能力。遵循这个原则,可以在组织学生复述故事之前先让他们听懂情节,然后再抓大意,记细节,让学生互相提问,交换意见,最后达到用自己的话复述故事的能力。

三、情景带动运用原则

语言的运用总是在一定的情景和场合下进行的,因此,从开始学习英语,就要强调情景的重要性。情景是帮助学生理解的瓶颈,也是指导学生正确使用语言的关键。设置一定的情景进行口语练习,可以检查学生恰当使用所学语言的情况,也可以使学生学习在新的场景下创造性地运用语言。情景是多样的,也可以对不同阶段的学生在同一情景下提出不同的要求。在家中吃饭是一个情景,可以让学生议论饭菜是否好吃,也可以让学生问扮演父母的人某一道菜的做法,还可以谈论天下大事。情景可以是购物、寄信、访友,也可以是一套连环画或卡通片,学生可以根据连环画讲述故事,还可以为卡通片中的人物配音。总之,只要开动脑筋,情景是丰富多彩的,针对每个情景所需要完成的任务也是多种多样的。

四、内外兼顾,多样化原则

兼顾的原则是指不仅要注重课堂,还要兼顾课外。英语课外活动是英语课堂教学的延伸,与课堂教学息息相关,因而英语教师不仅要注重课堂教学,还应该注重英语课外活动。英语课外活动是课堂教学的补充,是让学生复习、巩固与提高所学知识,教师应为学生提供各种语言环境,创造用英语进行交际的条件,指导学生在不同场合运用所学语言材料进行正确、恰当、流利的口语操练,比如,组织英语角、竞赛,或者根据自由组合原则编出课外活动小组,安排小组活动等。另外,在英语课后作业上,教师可以让学生结成学习对子,培养学生说口语的兴趣,利用一切可能的机会巩固和提高学生的口语能力。

在实际的教学过程中,教师不仅能够运用多样化的教学手段,还应该运用多样化的教学方法。口语课应该是轻松愉快的,教师根据学校的教学设备,多运用录音机、多媒体,让学生通过图片以及原味的英语,提高自己的口语水平。同时根据每堂课不同的教学目标,运用不同的教学方法。教师在学生能够开口说的基础上,应该注重训练其说话的流利性,并在语言的规范性、语音语调的正确性上有更高的要求,给他们创造实践的机会。

五、鼓励学生尽可能多地使用英语原则

口语的提高需要大量的实践,口语表达能力的提高要通过口语的训练来实现。因此,要想方设法使学生尽可能多地说英语,说得多了,熟能生巧,口语能力自然也就提高了。因此作为优秀的英语教师首先要给学生做出榜样,不仅在课上要多讲英语,在课下亦然。此外,还要设计适合学生英语语言水平,为学生所喜闻乐见的活动,给学生进行口语练习的机会。

第三节 英语口语教学的模式

这里主要介绍三种口语教学模式,即一般模式、3P模式以及任务型教学模

式。关于各教学模式的教学步骤,是论述的重点,这三种模式是随着教学的发展应运而生的,因而比较具有代表性。

一、一般模式

一般模式通常包括四个阶段,即背景铺垫(学生听)—布置任务(教师说)—执行任务(学生说)—检查结果(教师说)四个阶段。下面将具体阐述各个阶段的任务和意义。

第一阶段是引导阶段,这个阶段可以采取不同的形式,可以让学生阅读资料或观看实物与画面等。至于听力材料的选择也没有统一的要求,可以是教师朗读文章或讲述故事,也可以是听录音资料或影像资料。事实上,无论学生听的形式怎样,也无论听到的内容是什么,其目的都是为学生将要执行的任务创造情境、提供背景信息。

第二个阶段即教师布置任务阶段,此阶段的目的是为学生的"说"确立目标,制订方案,组织活动。第二阶段的过程虽然很短暂,却是为第三阶段服务的,为第三阶段能够顺利进行奠定基础。

第三阶段就是执行任务,也即学生"说"的阶段,是整个口语教学的重点。在这一阶段,教师要尽可能地保持沉默,不要干预学生的说话,不要占用他们的时间。让学生进行口语练习,重要的是让学生开口说话,而不是评价学生说对了几句英语。另外,教师也要合理控制好这个阶段的活动时间,最佳的活动时间应大约占整个活动时间的80%。

第四阶段主要是教师检查任务的完成情况,其主要目的是对学生的口语活动进行及时的总结,指出活动的不足,提出必要的建议等。

二、3P模式

除了口语教学的一般模式外,有些学者也提出了"3P"模式,所谓3P模式,或者叫PPP模式,就是把课堂教学划分为三个环节依次进行,这三个环节是:presentation(展示)—practice(练习)—production(表达)。这是目前在世界上运用最为普遍的第二语言教学模式,在对英语教学界也是如此。

(1)在presentation阶段:教师把新的语言项目通过解释、示范、举例、角色扮演等方式向学生介绍,包括语法、句法、会话技巧、功能等,使新内容在有意义的语境中进行,而不是脱离上下文孤立地呈现句子或语法规则。在呈现过程中,教师要集中学生的注意力,并检查他们是否听懂、理解新的语言点。在这一阶段要确定课堂的教学目标和教学内容。

(2)在practice阶段:教师为学生提供各种机会,让学生采取句型操练等多种形式展示内容,练习的程度也是由易到难,逐步加深。教师对活动的引导也是由控制到半控制,逐步增强学生的自主性。这种有控制操练的目的是训练学生使用语言的准确度。

(3)在production阶段:教师给学生提供机会将其新学到的语言知识和交际技能融入已有的知识之中进行综合使用,以达到学生可以在自己语言能力范围内自由地运用语言进行交际的目的。这一阶段可以增强学生的成就感,使其对口语学习产生浓厚的兴趣。

该教学模式以强化语言知识与技能、提高语用能力、注重语言的准确性和流利性为目标,引导学生积极参与、合作探究。它的三阶段教学程序清楚、明确,并且各阶段也都有其中心目标,在注重准确性的同时把流利性放到重要位置。在具体教学中,以其实用性、实效性以及可操作性,赢得广大英语教师的青睐。然而对于3P模式也有持否定态度的,他们对于三个阶段之间存在的内在逻辑性,以及准确性向流利性过渡的可靠性持怀疑态度,认为该模式过度强调准确,大大限制了学习者广泛接触目的语的机会,并且缺乏有意义的语言运用功能,没有实现真正意义上的交际。

三、任务型教学模式

以任务为中心的语言教学思路(The Task-oriented Approach)是近几十年交际教学思想的一种发展形态,它把语言应用的基本理念转化为具有实践意义的课堂教学方式。任务型教学反映出外语教学目标与功能的转变,体现了外语教学从关注教法转变为关注学法,从以教师为中心转变为以学生为中心,从注重语言本身转变为注重语言习得。[1]目前关于任务型教学模式大致分为四个步骤:呈现任务—实施任务—汇报任务—评价任务。

1.呈现任务。教师在呈现任务时,结合学生的生活或学习经验,并创设有主题的情境,以此激发他们的好奇心和学习动机。

2.实施任务。学生在接受任务后,可以采取结对子或小组自由组合的形式,也可以由教师设计许多小任务,构成任务链等来开始实施任务。这种结对

---

[1]韩慧.任务型教学模式浅议[J].新疆职业教育研究,2002,10(4):83-85.

子和小组活动的形式可以让所有的学生都有练习口语的机会,并且在与同伴的交流中可以刺激学生认知的发展,另外这种形式还有利于培养学生互助合作的精神。

传统的英语教学活动多为"精讲多练",教师大多担任"主讲"和"指挥"这样的角色。而在任务型活动中,教师应该是活动的组织者、引导者,是一种媒介、桥梁,不仅要传授给学生独立学习的技巧,同时还要严格控制课堂讲解的时间,让学生充分实践,只有这样,学生才有充分表现和自我发展的空间,才会真正成为学习的主人。在传统的教学模式中,口语课变成了教师练口语的地方,学生则成了聆听者,这不符合新课标的要求,而任务型口语教学模式是以学生为中心,以小组合作学习为主要学习形式,以学生完成任务为目标,充分调动了学生学习英语的积极性。在任务型口语教学模式中,教师通过创设情景,尽量设计真实的任务,让学生通过实践、参与、体验、合作、交流等学习方式来锻炼口语,激发学生参与的热情,培养学生用英语进行交际的能力。学生在有效的动机驱使下,由原来被动、消极的心理转化为主动、积极的实践,特别是在完成任务后得到的成就感,更让学生对下次的任务充满期待。另外,教师从学生"学"的角度设计教学活动,使得学生无论在哪一个环节,大脑都始终处于一种激活状态,并且这种教学模式让学生获得的不仅是语言知识点,还获得了运用语言的能力。随着学习任务的不断深化以及学生自身语言能力的不断提高,学生也愈能创造性地表达自己的思想。

四、Let's教学模式

该模式主要由四大基本步骤组成:即Leading(激活旧知,有效导入);Exploring(创设情境,探索新知);Trumpeting(聚焦难点,处理加工);Sharing(深入探究,交流发现)。

1.激活旧知,有效导入(Leading)。新课导入将学生的心理活动引入一个新的知识情境,让学生对所要学习的知识产生认识上的需要。在课堂教学中,运用科学的导入方法可以迅速吸引学生的注意力,激发学生的学习兴趣,调动起学生的求知欲望,使他们积极主动去探索,从而提高英语课堂教学的效果。新课导入一般用下列方法:直观导入法、话题导入法、复习导入法、游戏导入法、歌曲导入法等。

2.创设情境,探索新知(Exploring)。著名的教育学家杜威说:"为激发学生的思维,必须有一个实际的情景作为思维的开始阶段。"在这一步骤中,教师主要与学生一起探索和发现新知。主要运用文本材料,如听力部分与对话部分,把两大块教学内容整合在一起,用一条线把它串起来,这条线可以是某个话题、某个场景,也可以是某个人物、某个地点。在这一步骤中,最重要的是如何设计形式多样的活动,让学生真正动起来。那么如何训练学生的听和说的能力,启动他们的耳朵和嘴巴?在设计活动过程中,要遵循三个原则:联系学生实际时效性原则、结合学生生活真实性原则、实现学生实践交际性原则。

3. 聚焦难点,处理加工(Trumpeting)。该环节是指抓住本课的重、难点内容,把输入的有效信息进行个性化处理、加工。

4. 深入探究,交流发现(Sharing)。课程标准要求英语教学为学生的全面发展和终身发展奠定基础,要求教师为学生提供自主学习和相互交流的空间,鼓励学生通过体验、实践、讨论、合作、探究等方式,发展综合语言能力,创造条件让学生探究他们自己感兴趣的问题并自主解决问题。

第七章 大学英语教学中的文化教学

随着跨文化交际的发展,纯语言教学已经不能满足社会发展的需要。如今的语言学习要求学习者不仅掌握语言形式,还要了解和掌握目的语文化知识,并具备实际使用目的语语言的能力。

语言是文化的载体,是文化传承和传播的重要途径,文化又是语言发展的主要动力。因此,想要真正地学习和掌握一门语言,就必须理解语言背后深层次的文化意义。英语作为一种语言,它的教学过程必然涉及文化的各方各面,因而在大学英语教学中融入文化教学是十分必要的。

随着全球化进程不断加快,中国与世界各国的经济贸易和文化交流得到了全方位的扩展,社会急需一大批专业知识扎实、实践能力强、具有国际视野和跨文化能力的各领域专业人才。大学英语课程作为所有非英语专业学生的必修课程之一,是大学生了解世界各国文化的最重要的渠道。因而为了应对新形势下社会对人才的需求,新的《大学英语课程教学要求》明确规定大学英语教学要以语言知识、语言学习、语言应用和跨文化交际为主要内容,培养学生的英语综合应用能力。新大纲对学生跨文化能力培养的要求,让各大高校开始关注大学英语中的文化教学,这也从侧面反映出文化教学的必要性。

从语言和文化的关系来看,语言是文化重要的组成部分,是传播和传承文化的重要载体,对文化起着重要作用。一方面,语言是文化的基础,语言的发展促进文化的发展;另一方面,每种语言都是特定的民族文化长期发展的产物,语言既映射了该民族的社会历史和文化背景,同时语言又受到该民族思维方式和生活方式的影响。总而言之,文化和语言两者相互影响、相互作用,想要真正掌握一门语言,必须了解其背后的文化。

然而,尽管人类对语言的研究历史悠久,但长期以来,人类语言学家关注的是语言的内部系统结构,包括语言的语音、语调、词汇、形式、语法等。大学英语教学受到此结构主义语言学的影响,强调语言本身的发音、词法、语法学习,忽视了与语言密不可分的文化因素,比如语言使用的得体性。因此,必须将文化教学渗透到大学英语教学过程中,让学生在学习英语语言的语法结构的同时,掌握英语文化知识,了解英语社会风情、文学经典、思维方式、交际方式,解读语言背后的文化实质。学习语言知识有助于打好英语语言基本功,学习英语文化有助于提高跨文化交际能力,因此,在大学英语教学中渗透文化教学具有重要的意义。

语言和文化,两者息息相关,文化影响着语言的发展,而语言又寓于文化之中,学习和运用英语必须了解与英语密切相关的文化。大学英语教师要认识到,理解英语文化对大学英语教学有着重要的意义。只有将文化教学渗透到大学英语教学中,并有针对性地教与学,大学英语教学才能完成培养具有跨文化交际能力的人才这一神圣使命。

第一节 文化的概述

一、文化的定义、分类

对于什么是文化,众说纷纭。其定义林林总总,不下200种。文化是一种复杂的社会现象,无处不在,无所不包,渗透于社会生活的各个方面,是人类社会物质生活和精神生活所取得成就的总和。关于语言和文化的关系,许多外语界的大家都做过精辟的论述。语言和文化不是一一对应关系,一种语言不一定对应一种文化,但二者密不可分,语言是文化的一部分,是文化的载体。有人把文化看作文明,有人视为传播,有人认为文化是个泛化而没有具体的概念,有人认为,它是不同团体或社区的互动,还有人认为,它是人与人之间以及人们内部的一个动态的构建过程。其中比较有代表性的观点认为,人们可以从两个结构和范畴去理解,即广义的文化(大写的文化,Culture with a big C)和狭义的文化(小写的文化,culture with a small c)。广义的文化是指人类在社会历史发展过程中所创造的物质和精神财富的总和,包括物质文化、制度文化和心理文化三个方面。狭义的文化则是指人类普遍的社会习惯,如衣食住行、风俗习惯、生活方式、行为规范等。

　　文化是一个包罗万象的概念,它既包括一个社会中人们的价值观、世界观、文学艺术、科技成就,也包括他们的风俗习惯、生活方式、社会组织、相互关系,还包括语言及语言相关的某些非语言交际手段。要想在中国这样一个非英语环境中用几年的时间通过几本书习得系统的英语文化知识是不大可能的。尤其对教学来说更是困难重重,因为时间紧、任务重,而且教材也没有明确提出文化教学的内容(虽然新教材加入了文化的成分),但无论如何,文化教学终归还是要进行的。哈默利(Hammerly)对文化的概念作了三个方面的分类,即信息文化(指国家的历史、英雄人物、地理等)、行为文化(指人们的行为、态度、生活方式等)、成就文化(指传统的艺术成就、文学成就等)。还有学者认为,文化可分为知识文化和交际文化。知识文化指的是两个文化背景不同的人进行交际时,不直接影响准确传递信息的语言和非语言的因素;交际文化指的是两个文化背景不同的人进行交际时,直接影响信息准确传递(引起偏差或误解)的语言和非语言的文化因素。莫兰(Moran)提出了文化的五个要素,分别是文化产品、文化实践、文化观念、文化社群、文化个体。在此基础上,他对文化进行定义:文化是人类群体不断演进的生活方式,包含一套共有的生活实践体系,这一体系与一系列共有的文化产品相关,以一套共有的世界观念为基础,并置于特定的社会情景之中。

　　对于英语学习者来说,英语教学里的文化主要是指英语国家的历史、地理、风土人情、传统习俗、生活方式、文学艺术、行为规范和价值观念等。由此可见,这里的文化是广义的,且包含知识文化和交际文化。本篇所涉及的文化概念也是广义的文化。人类学家把文化视为人类的生活方式、某个特定群体的社会结构,以及人们在社交过程中获得的一代一代传承下来的思维方式、情感和行为方式。他们认为人们的行为折射出了特定的文化,文化决定了语言是怎样被用来表达思想的。

二、文化与语言的关系

　　对于文化与语言的关系,长期以来在这个问题上主要存在两派争论。一派观点认为语言第一性,语言形成思想和文化;另外一派则相反,认为文化决定语言,语言仅是文化和思想的一种表现手段。然而这两种二选一的观点在当今已经趋向于避免极端,语言学家韩礼德概括为:语言既不驱使文化,也不被文化所左右。究竟哪一方决定另一方是无关紧要的,因为它们之间不是互为因果的关系,而是同时变化和发展的。具体说,语言是文化的一部分,并对文化起着重要的作用;语言又受文化的影响,反映文化,有丰富的文化内涵。可以说,语言反映一个民族的特征,它不仅包含该民族的历史和文化背景,而且蕴藏着该民族对人生的看法、生活方式和思维方式。总的来说,语言与文化相互影响、相互作用;理解语言必须了解文化,理解文化必须了解语言。因此,外语教学界普遍认为,外语教学应该包含文化的教学。学习一种外语不仅要掌握语音、语法、词汇和习语,而且还要知道操这种语言的人如何看待事物,如何观察世界;要了解他们如何用他们的语言来反映他们社会的思想、习惯、行为;要懂得他们的"心灵之语言",即了解他们社会的文化。学习语言与了解语言所反映的文化是分不开的。

基于文化与语言密不可分的关系,在英语教学中,文化教学有着重要的作用,它对学生更深刻理解英语语言现象、增强学生对英美文化的敏感性、培养学生的英语思维能力、拓宽知识面以及提高其与英语国家人士交流的能力等,都有非常重要的影响。例如,为什么"亚洲四小龙"在英文中称为 East Asian Tigers 而不是 East Asian Dragons,如果不了解西方文化中"龙"的含义,则很难明白。东方文化的"龙"是吉祥的动物,而在西方文化中则是一种会喷火、长着翅膀的猛兽,是邪恶的象征。东西方文化对龙截然不同的印象导致在翻译的时候不能直译。了解了这种文化现象,在碰到 East Asian Tigers 这种叫法的时候,便很容易地理解在英文里为何变成了 tiger 而不是 dragon 了。从这一语言现象出发,教师在英语教学中,应该注意东西方文化的区别,注意把两者的异同结合起来讲授。因此,在英语教学中,我们不仅要传授语言知识,训练语言运用能力,而且还要加强文化知识的传授。中西方文化之间的巨大差异无论是给语言交际,还是给语言学习都带来了巨大的障碍,比如,美国人过于追求个性独立的生活方式,有时则令中国人感到人际间的关系因为过于讲究礼节而显得疏远。在美国,不仅朋友、同事和熟人之间相互问候"Good morning",就连夫妻间也互相这样问候。中国人在一起时常问有关对方的年龄及工资等问题,在西方人看来是对他们私生活的一种介入。精读课作为外语专业的重头课,在授课中把语言学习和文化导入结合起来的重要性和必要性是显而易见的。

三、文化教学的相关重要概念

(一) 文化知识

文化知识可以指学习者需要了解的有关语言文化的知识(knowledge about culture),如衣食住行、风俗习惯、生活方式、行为规范等知识,具体如教材或学习资源中出现的人物、历史、地理、文学、风俗、艺术等的知识。从上文我们可以得知,文化涉及的内容很广。著名的语言学家帕默尔指出:"一种语言的词汇与其说是反映了客观世界的现实,还不如说是反映了说这种语言的人们的兴趣所在。"美国社会语言学家恩伯也说:"一个社会的语言能反映与其相对应的文化,其方式之一则表现在词汇内容或者词汇上。"我们可以从文化的定义和分类中得到启发,推断出什么是文化知识。查斯顿(K.Chastain)主张在外语教学中应从狭义的文化入手,逐步扩展到广义的文化。他提出44个主题作为讲授狭义的文化的纲要,实际是需要讲授的文化知识,桂诗春将之简化为下列一些方面:学生生活;青年;父母;家庭;亲戚;朋友;恋爱婚姻;教育;职业;成就;快乐;饮食;文娱活动;金钱;社会制度;经济制度;政治活动;爱国主义;社会问题;环境污染;人口;宗教;法律;仪表;报纸;广告;死亡;纪律;度假;穿着;交通;礼貌用语;身势语。

斯特恩(Stern)提出了一般的语言学习者需要学习的六大文化教学内容,包括:①地理(places);②微观的个体及其生活方式(individual persons and way of life);③宏观的民族及社会(people and society in general);④历史(history);⑤制度、习俗(institutions);⑥艺术、音乐、文学及其他成就(art,music,literature,and other major achievements)。以上六大点文化教学内容,实际就是学习者需要学习和了解的文化知识。我国学者左焕琪也对文化知识提出了相似的分类:①地理概况;②重大历史事件;③行为的文化类型——包括饮食、购物、文体活动等。④社会生活特点——包括阶级与阶层、就业、工作场所规定、婚姻、妇女地位、服饰与主要社交礼节等;⑤各种非语言表达方式,如面部表情、手势等的意义;⑥民族、政府机构、政治、经济与教育的基本特点;⑦文学、艺术、音乐及建筑特点;⑧以上各项与本国文化的差异。在这个分类结构中,"与本国文化的差异"作为一项文化知识被单独列出来,可以看出在英语教学过程中,教师不仅仅要向学生介绍西方的文化知识,还应该注意结合与本土文化的比较来进行讲授。

(二) 文化理解

文化理解(understanding of culture)是20世纪90年代外语教学界在提出了文化知识传授的基础上,对外语教学提出的进一步要求。它是指学生对中外文化及其差异的理解过程或理解能力,它主要指两个方面的问题:一是对具体的、个别的文化知识和文化现象进行理解,了解其背景、渊源、文化含义、宗教含义等,并了解该知识或现象所反映或代表的道德观、价值观、人生观等;二是把其看成是一种客观存在。文化无好坏之分,但在每一种文化中精华与糟粕并存。我们没有必要去评头论足,但我们可有选择地传授文化知识。Geertz认为:"文化是历史上传承下来的符号网络。正是这些符号让人类得以发展,进行交流,永久地保存知识、信念和对待世界的态度。"Geertz把社会历史学和心理学结合在一起,对文化进行了定义。他把文化和思想看作一个符号系统的功能体系。从Geertz的定义中,我们可以看出:语言、文化、思想表达三者之间有着密切的联系。我们应该采取一种客观的、宽容的态度对待异国文化,避免用我们自己的文化、道德、价值观作为标准去衡量、评判异国文化,避免拒绝任何异国文化的狭隘的民族主义态度;同时又要避免盲目地追随、模仿异国文化,而应是坚持自己的优秀文化传统,比较两种文化的异同,使自己在跨文化交际中能恰当、得体地进行交际。

文化理解的以上两个问题告诉我们,教师一方面要引导学生正确地理解外国文化现象与文化知识。Gail Robinson,Claire Kramsch和Adrian Holliday等第二外语教育家在最近的研究中力图通过突破对本族语使用者视角的过分关注,来拓宽第二外语课堂中文化教学的视野。他们强调的是人类如何阐释他们的跨文化经历,在跨文化遭遇中如何构建意义。他们指出,文化理解并不仅仅是把一系列互不相连的物体聚集起来,而是尽力去解决人们是如何生活,又是如何表述生活的。外国文化应当被视为与本国文化相平等的主体,并且要以承认两者之间的差异为前提,即对文化的理解没有绝对的答案,学习者可以有不同的理解。另外,有人认为,只有正确理解外国文化,才能理解外语并恰当、得体地使用外语,学习外语与本国文化没有关系。实际,对本国文化与外国文化的差异的了解程度,很大程度上决定了能否正确理解外语并恰当、得体地使用外语。因为了解本国文化能帮助我们更加深刻地理解外国文化,提高对外国文化的鉴赏能力,更准确、深刻地认识两者的异同,最终提高对外国文化的敏感度。

可以说,我国的文化知识,是文化理解的基础。不打好这个基础,是很难进行文化理解的。

(三) 跨文化交际、跨文化交际意识与能力

美国人类学家霍尔(Edward T.Hall)在其1959年出版的经典著作《无声的语言》(The Silent Language)中首先提出了"跨文化交际"这一术语。从前面的论述中我们得知,语言和文化关系密切,学习外语必须涉及文化的学习。而由于学习外语的主要目的是交际,因此外语的学习必定要涉及文化间的交际问题,即跨文化的交际问题,所以,"跨文化交际"可以指本族语者与非本族语者之间的交际活动,也可指任何在语言和文化背景方面有差异的人们之间的交际。"跨文化交际"作为一个名词被提出来以后,其内涵引起研究者的广泛关注,目前已发展成为集社会学、人类学、语言学、传播学、语用学等多学科交叉的新兴学科。在全球化思潮的促动之下,跨文化交际已经成为社会语言学研究的一个焦点问题,获得了充分重视。另一方面,我们也注意到,在国际事务交往中,文化误读的现象,层出不穷,时有发生。

"跨文化交际意识"是指在跨文化交际中,对外国文化与本国文化的异同的敏感度以及在使用外语时根据目标语(如英语)文化来调整自己的语言理解和语言产出的自觉性。有的学者把跨文化交际意识归入文化知识的范围,实际跨文化交际意识和文化知识是有很大区别的。跨文化交际意识不是指对于本民族文化和其他文化的具体事实或信息的了解,而是对文化现象和文化知识以及两种文化异同的敏感度,是一种洞察力和批判性的理解。因此并不是外在的、显性的知识,而是一种内在的素质。而"跨文化交际能力"指成功进行跨文化交际所需要的能力或素质,具体说,就是根据所处的文化环境及交际双方各自的文化背景,在理解并尊重交际双方的文化背景的前提下,恰当、得体地使用语言来进行交际的能力。美国社会语言学家海姆斯(Hymes)首先提出交际能力(communicative competence)这一概念及其四个要素,即语法性(possibility)、可行性(feasibility)、得体性(appropriateness)和实际可行性(actually performed)。其中,得体性主要是指在说话的对象、话题、场合、身份等不同的情况下,要能够使用不同的得体语言。现实性主要是指要使用真实、地道的语言。在教学中,教师应该注意让学生学会根据不同的场合使用恰当、得体、真实的英语。因此,可行性和得体性的实质就是语言使用者的社会文化交际能力。

建构文化共享是促进不同时代和不同文化之间有效沟通的一种跨文化交际手段。在介绍文化共享的方法之前我们有必要介绍一下文化共享的前提即多元文化的存在,以及其存在的历史背景。当今社会人口结构越来越复杂化,信息流通越来越发达,文化的更新转型也日益加快,各种文化的发展均面临着不同的机遇和挑战,新的文化也将层出不穷。海姆斯的交际能力概念,引起了社会语言学界与应用语言学界对不同语言交际中文化差异的极大关注。在20世纪80年代语言学界热烈讨论"跨文化交际"的基础上,于20世纪90年代形成了"跨文化交际能力"这一概念。目前对于跨文化交际能力的界定仍在讨论中。拜卢姆(M.Byram)等学者提出,它应该由态度(attitude)、知识(knowledge)与技能(skill)三方面构成。由于跨文化交际能力对外语学习者的要求较高,因此对学习者的培养应该在外语学习的高级阶段进行。

第二节 外语教学中文化教学的发展阶段

尽管因为社会环境和教育体制不同,各个国家和地区外语教学呈现出不同的特点,但是文化教学在外语教学中的发展轨迹大体相同,反映了广泛的国际交流与合作对教育及其他领域所产生的影响,教育国际化的趋势因此越来越明显。无论美国、欧洲还是中国,文化在外语教学中的作用和地位变化基本都经历了以下3个阶段,只是进入各个阶段的时间先后不一。

第一阶段:外语教学与文学欣赏。20世纪50至60年代外语教学以文学欣赏为主要目的,有关目的文化中的历史人物、重大事件、宗教礼仪等一系列被称为大写文化(Big C)的内容被收入教材,它们通常与课文的语言重点毫无关系,只是作为背景知识介绍给学生,以便于他们阅读文学原著。英国的《背景研究》(Background Studies)和中国的《英美概况》就是用这种方式处理文化教学的。

第二阶段:外语教学与交际能力。从20世纪60年代后期开始,美国的听说教学法和欧洲的视听教学法盛行一时。其间,文化也没有被完全抛弃,而被看作促进词汇学习的重要因素。到了70至80年代,以交际能力为目的的外语教学法更加明确的将文化列为教学内容,社会语言能力和文化能力是提高外语交际能力的重要保证成为广大外语教师和学习者的共识。这个时期的文化教学以小写的文化(little c),即日常生活中所包含的文化含义为主要内容,尤其注重对那些容易造成交际误解和失败的文化差异的教学。显然第二阶段的文化教学相对第一阶段来说进了一大步,但是它们都将文化知识的学习作为语言学习的手段,前者是为了更好的理解、欣赏文学原著,后者则是为了避免外语交际中的误解和错误,文化教学只是依附于语言教学,没有确立自己独立的地位,形成自己的系统。正因为如此,文化的定义相当狭窄,被看作一系列一成不变的文化事实,忽略了文化动态发展的特点和文化学习的情感和行为层面。美国和欧洲的外语教学界已经认识到这一缺陷,进行了一系列理论研究和教学实践,使文化教学进入第三阶段。

第三阶段:以跨文化能力为目标的外语教学。跨文化能力是成功进行跨文化交际的关键。在对外交流中,跨文化能力已经成为除了专业知识和外语能力之外又一重要的内容。而外语教学的根本目的就在于对外交流,所以跨文化能力成为建立在听、说、读、写和译等基本外语技能之上的新的交际能力。在这里,文化因素不仅仅在外语教学课堂中扮演背景知识或者交际场景的外围角色,而是变成人们掌握语言的目的。通过文化更好的学习语言,在学习语言的过程中培养外语习得者跨文化的能力。同时,在学习对象国文化的时候,反思本国文化,进行跨文化对比,增强跨文化意识,培养跨文化能力。外语教学是为了培养成功的跨文化交际者,那么从这个角度讲,文化是目的,而语言变为了手段。因此,语言和文化互为手段和目的,相辅相成。这一教学理念相对于前两个阶段的教学理念而言,站在一个更为宽阔的高度上长远地、动态地研究外语教学,不是为了语言而学习语言,而是为了更好的进行对外交流。

第三节 英语文化教学的理论及其意义

一、英语文化教学的理论

文化、文化教学早已引起外语教学界的注意。早在19世纪,已经有许多语言教学研究者指出,语言学习的一个重要目的,是学习到关于一个国家及其人民的知识(Stern)。1880年,法国教育家古安(F.Gouin)发表《语言教学与学习的艺术》一书,第一次指出语言教学中文化的重要性。美国语言学家弗里斯则最早从理论上讨论了外语教学中文化教学的必要性以及文化教学与语言教学的关系。弗里斯(Fries)在《作为外语的英语的教与学》一书中主张语言的掌握必定要依赖对语言使用文化环境的充分理解。他认为,为了实际交际,完全掌握一门语言,并做到真正理解,需要对各种句子的使用场合的许多特点做系统的观察和记录。他详细列举了学习英语应该注意观察的各个生活侧面,甚至认为如果不了解文化背景,连一句简单的"John is having breakfast"也不能真正理解。John是哪国人,什么时候吃早饭,吃什么早饭,吃早饭时通常做什么,这一切确实与文化分不开。美国早餐、英国早餐、欧洲大陆早餐很不相同。欧洲大陆的人到英国去,看到英国人早餐时吃那么多东西很不习惯。这是外语教学界最早对文化教学所做的系统论述。第二次世界大战以后,特别是从20世纪50年代后期到60年代,越来越多的关于外语教学中文化教学的论述开始出现。拉多在1957年就出版了《跨文化的语言学》(Linguistics Across Culture)一书,明确提出外语教学应包括文化教学。他认为:"我们不努力去掌握文化背景知识,就不可能教好语言。语言是文化的一部分,不懂得文化的一些模式和准则,就不能真正学好一种语言。"

　　因此,外语教学必须包括文化教学。在这本书中,拉多提出了一个从形式、意义、分布三个方面对于不同社会文化集团的人们的行为方式进行结构主义对比分析的模式。人们对文化教学研究的不断深入,使得这个领域从20世纪50年代末至60年代初逐渐进入繁荣时期。具有标志性的事件是跨文化交际学的诞生。为了达到这个目的,我们采用了心理学家罗杰斯提出的"三大交际原则",作为讨论的基本框架。罗杰斯提出的三大交际原则,可以简约归纳为:第一,学会从对方的角度看待事物;第二,学会从对方的角度感受事物;第三,学会从对方的角度了解世界。为了便于讨论,我们采取交际心理与语用意象相结合的视角,考查跨文化交际中的一些问题。罗杰斯的三大原则,反映出了交际心理在跨文化交际中的作用。霍尔1959年出版的《无声的语言》中首次提出了"跨文化交际"这一术语,此书因此被视为跨文化交际学的开山之作。此后,研究文化与交际的专著陆续问世。海姆斯相续发表了《文化与社会中的语言》和《论交际能力》等著作,首次提出"交际能力"的概念,指出了社会交际与文化等因素在语言能力中的重要地位。此后,美国的大学里也开始设置跨文化交际课程。到1976年，美国已经有200多所大学开设了此门课程。

　　随着文化全球化的到来和多种文化的相互碰撞、交流与融合，只懂语言并不能解决所有的交际问题，文化是一个不容忽视的重要方面。不同文化背景的人进行交际，经常会遇到各种矛盾和问题。由于汉英文化存在着截然不同的传统和风俗习惯，人们的生活方式、思维方式、价值观念、语言习惯等都有很大的差别，许多日常行为在两种语言的交际活动中也存在明显的文化差异。20世纪70年代以后，交际法建立起来，人们在外语教学中开始注意文化教学。交际法强调语言是交际的工具，语言教学的目的在于培养学生的交际能力，因此交际文化的教学被引入课堂，然而教学的重点仍然在于培养学生的交际能力，其他的如社会文化方面的内容仅仅作为课堂内容的背景知识进行介绍，且只占课堂内容的较小比例，教学大纲对其要求也不够明确。虽然这个时期文化教学已经成了外语教学的一个重要部分，也很少有人真正从理论上反对文化教学，但文化教学长期以来一直未能正式列入外语教学大纲中，这个现象开始引起一些研究者的重视。1976年，英国人威尔金斯(Wilkins)提出的语言功能意念大纲反映了他重意义、重社会、重文化和重交流的语言观，大纲的提出自然将"文化"引进了语言教学，语言教学的重点也由此从注重语言形式的操练到语言的实际使用，这时的文化教学已开始有意识地融入语言教学中去。

　　在跨文化交际中，东西方文化是跨文化研究的主体。东西方文化在意识形态、语篇形式、面子系统等多方面存在这样或那样的差异。由于文化定势所带来的偏见，跨文化交流会妨碍我们进行有效交际。为了促进有效的跨文化交际，我们应提高跨文化交际能力，首先要了解不同文化的语言、不同文化的交际风格。了解不同文化的价值观、思维方式以及文化传统。要学会适应对方的文化，学习对方文化的相关知识，增加与对方文化接触的机会，寻找东西方人际间和文化间的共性，认识差别的合理性。进入20世纪八九十年代以后，外语教学中文化的重要地位已经被学界所广泛认同，对文化研究越来越深入，一些重要的理论和概念不断地被提出来。斯特恩(Stem)在《语言教学的基本概念》(Fundamental Concepts of Language Teaching)一书中，提出一个包括结构、功能、社会文化、经验四个组成部分的课程框架，把社会文化作为一个独立的教学成分纳入外语教学中，以此承认了文化教学在外语课程教学中的重要地位。在英美等国，一些政府或教学权威部门开始把文化教学列为外语教学的目标之一。如这一时期在英国政府有关外语教学的正式文件中提出,外语教学的目的是:①培养学生的语言交际能力;②使学生认识语言的本质与基本属性;③掌握使用该语言国家的社会文化知识。

美国外语教学委员会(ACTFL)也在1996年发布的《面向21世纪的外语学习标准》中,把社会文化知识教学明确列为外语教育的组成部分。同时,在20世纪八九十年代,我们还见证了跨文化交际研究领域的蓬勃发展。1983年,美国第一部有关跨文化交际理论的论文集International and Intercultural Communication Annual出版,此后该领域的理论研究逐步发展起来,在广度和深度方面都有明显的体现。在过去的几十年中,美国有关跨文化交际的理论研究取得了巨大进展。这从2005年在美国出版的一部名为《Theorizing About Intercultural Communication》的有关跨文化交际理论的著作中便可感受到。该书介绍了17种跨文化交际理论。这17种是人们引证较多的,至于影响较小的理论究竟有多少尚不可知。在我国外语教学界,由于20世纪80年代以前偏重于结构主义和生成语法,对文化教学的研究一直较少涉猎。最早的论述见于1950年罗常培出版的《语言与文化》专著。该书详细阐述了语言与文化之间的密切关系。国内更多的关注始于20世纪80年代。许国璋首先提出词汇的文化内涵与英语教学的关系问题,这是我国外语界研究文化教学的较早文献,使国内学者开始关注外语教学中的文化内涵问题。在这一时期,外语教学界对文化教学的研究逐渐进入高潮,有代表性的三本论文集陆续出版:胡文仲编著的《跨文化交际与英语学习》着重从语言和非语言手段以及人们交往等各个侧面论述文化因素对于人们交往的影响;邓炎昌、刘润清著的《语言与文化——英汉语言义化对比》通过比较中西文化的差异,讨论在使用英语时所涉及的最基本、最重要的文化因素;顾嘉祖、陆升主编的《语言与文化》对语言与文化之间的关系进行宏观分析,从文化的不同侧面对各国语言文化特征进行介绍,强调语言的多种社会功能以及文化对语言形式产生的影响。桂诗春在1988年出版的《应用语言学》里呼吁将社会文化项目纳入外语教学大纲,并介绍了几种文化教学的具体办法。赵贤洲于1989年发表在《外语教学与研究》的一篇文章"文化差异与文化导入论略",较早地提出了"文化导入"这一概念。胡文仲1994年主编的《文化与交际》一书,有相当大的篇幅讨论了文化因素与外语教学的关系。

语言只有在一定的文化背景下及语境中被正确使用,才能体现它们的交际价值。跨文化交际是一门多学科交叉的学科,涉及人类学、社会学、心理学、交际学等多门学科。它的应用非常广泛,在商业、外事、医疗、教育等领域影响很大。越来越多的跨国公司的进驻,越来越多的外国留学生的到来,都促使我们加快对跨文化交际应用的研究。2000年,高一虹出版了《语言文化差异的认识与超越》,该书把对语言文化差异的认识放在了中国的社会、文化、语言、教学背景中,并进行了实证性研究。2007年,我国学者张红玲出版了国内第一部系统研究跨文化外语教学的专著《跨文化外语教学》。该书对外语教学和跨文化交际能力培养等问题进行了探讨,并提出了中国跨文化外语教学的一体化框架。近几十年来,越来越多的专家学者强调教授语言应结合语境、文化背景和文化内涵开展,这说明我国的英语教学从字词句段的教学模式向前跨出了一步。

在教学政策的制订方面,我国对学校英语教学大纲进行修订,增加了关于外语课程在国际交流和文化理解方面的作用以及提高人文素养方面的价值,即"通过学习他国的语言,加深对他国文化的认识和理解"。作为一种语言交际活动,语言本身只是表意的形式转换,从转换的深层次结构来看,语言是承载着一定文化内涵的,所以口译员在口译过程中还将面临解读两种文化差异的难题,即跨文化交际问题。而在2003年颁布的英语课程标准中,明确把教学目标由原课程大纲中规定的语言技能加语言知识的两个要素,扩充为语言技能、语言知识、情感态度、学习策略和文化意识五个要素。新课程标准对学生中西方文化差异的建立和培养提出了很高的要求,它规定:要帮助学生了解世界和中西文化的差异,拓宽视野。要求学生从开始学习英语就接触、了解和学习跨文化交际的知识,为他们在今后的进一步学习中提高对中外文化差异的敏感性、鉴别能力和跨文化交际能力打下良好的基础。课程目标的扩充、文化意识成为综合语言运用能力的五个组成部分之一,说明文化教学已受到我国外语界的高度重视,在课程目标结构中扮演着重要的角色。

在新课程改革的推动下,近十几年来,文化教学在国内的教学实践中得到广泛重视。然而与国外重视实证研究不同,国内对文化教学的研究大多停留在概念的论述和教学经验的总结上。从基础教育新课程改革启动的2001—2010年间,在学术期刊上发表的以外语文化教学为主题的文章已将近7000篇,而其中实证的研究不足50篇。这里说的实证研究包括调查研究、个案研究、访谈、准实验法、实验法等。这些实证研究当中,以调查研究居多,准实验法或实验法占极少数。"语言是文化的模具"对交际的影响也是显而易见的。语言是文化的模具,这实际讲的是语言对文化的反作用。在这方面我们也认为Sapir和Whorf的语言相对论有其合理的地方。人类认识客观现实的过程中形成的思维模式由语言来表达后逐渐由语言凝化为一种模具,这个模具的反作用就是会迫使人按照语言所建立起来的模式观察世界。

而国内高校硕士以上学位论文研究中,文化教学也是近十几年来的研究热点,从2001年至2010年,以"文化教学"作为主题的学位论文共有150篇。与公开发表的论文情况不同的是,学位论文大部分都属于实证研究。不仅仅文化教学的研究如此,在跨文化交际方面的研究同样极不平衡。我国学者胡文仲研究在我国学术刊物上发表的跨文化交际论文与同一时期在美国International Journal of Intercultural Relations上发表的论文相比较,发现在美国刊物上实证性研究论文占主导地位,而我国刊物上基于实证研究的跨文化交际论文不到百分之一。季羡林认为,现今世界上已经存在着4种主要的文化系统,即希腊—欧美文化、中国文化、印度文化、伊斯兰阿拉伯文化。在文化研究中引入系统科学知识,会有助于我们更好的理解问题的实质。系统科学认为,一切事物都以系统的方式存在,都可以用系统方法研究。"系统是相互联系、相互作用的诸元素的综合体。"(贝塔朗菲)多元性、相关性和整体性也是文化的基本属性。纵观国内关于文化教学的实证研究,研究的主题较为丰富和全面,涵盖了外语教学的各个方面,如听、说、读、写、译等技能学习中进行文化教学的各种理论和策略研究,有基础教育层次的,也有高等教育层次的,还有职业教育的。可以说,它已达到了一定的深度和广度。

二、英语文化教学的意义

很长一段时间以来,我国的英语教学只注重语言知识和语法形式,对文化知识对交际的影响没有给予足够的重视。而随着教学的不断发展,新课程教学改革在全国各地展开,新的《英语课程标准》已经明确把培养文化意识作为英语教学目标之一。随着新课程教学改革的深入开展,英语教学从各个方面都发生了巨大变化,包括教学目标、教学理念、教学方法和评价方法。人们开始逐渐意识到学习外语不仅是掌握语言的过程,同时也是接触和认识另一种文化的过程。虽然在之前的英语教学中没有将文化教学列入教学目标,但是文化因素始终隐含在英语学习的过程中。不管是优秀的语言学习者,还是初学者,其英语交际能力都会因文化因素而受到限制。人的语言不同、背景不同,其思维方式、价值观念和人格就会具有不同的风格和特点。所以说,外语学习不仅会拓展学习者的思维方式,还会影响学习者的价值观念和人格结构。因此,在英语教学过程中,教师要有意识地向学生传授所学语言国家的文化知识,有意识地培养学生对两种文化差异的敏感性,使学生逐步具备文化比较能力,以便能够得体地进行语言交际,进而提高他们的文化素养。此外,文化教学不仅有利于加强学生的英语语言基本功的训练,还对培养学生的学习积极性十分有利。因为原来的英语教学注重的是单一的词汇、语法教学,当这种情况转变为语言教学和文化教学并重后,教学内容和形式也由单一转为多样,由枯燥转为生动有趣。这样,既能提高学生的学习兴趣和学习的主动性,也能激发教师的工作热情和备课的积极性。

另外,英语文化教学实现运用语言进行交际的关键,实施素质教育以及提高教师素质的需要。虽然说语言能力是交际能力的基础,但是具备了语言能力并不意味着掌握了交际能力。越来越多的人已经认识到,学习一种语言,只单纯地学会其语音、词汇与语法知识是远远不够的,还要学习与所学语言有关的国家和民族的历史文化传统和社会风俗习惯。只有这样,才能真正掌握这种语言的精髓,才能保证理解和运用这种语言进行交际的准确性。还要了解目的语的文化背景,提高学生的文化知识水平,这无疑对教师的素质提出了更高要求。英语教师在之前很长一段时间内主要抓的是语言基础知识的教授,对文化教学的内容缺乏一定的关注。因此,为了更好的实现文化教学,首先应该从英语教师的自身素质抓起。英语教师应该阅读有关文化专题的专著和背景性的书籍。只有教师的文化知识水平提高了才能有效的对学生进行文化教育。否则,教师自身的知识存储量不够就没有办法给学生传授更多的文化知识,学生的素质教育也会沦为一句空淡。

第四节 英语文化教学的内容

文化是一个包罗万象的概念,它既包括一个社会中人们的价值观、世界观、文学艺术、科技成就,也包括他们的风俗习惯、生活方式、社会组织、相互关系,还包括语言及与语言相关的某些非语言交际手段。要想在中国这样一个非英语环境中用几年的时间通过几本书习得系统的英语文化知识是不大可能的。尤其对中学教学来说更是困难重重,因为时间紧、任务重,而且教材也没有明确提出文化教学的内容(虽然新教材加入了文化的成分),但无论如何,文化教学终归还是要进行的。只要头脑中始终保持文化教学这一思想,并充分利用这些素材,我们是完全可以做到既传授语言知识又传授文化知识,使学生顺利进行交际。学生从我们这里得到的不仅仅是孤立的语法规则、词汇或句型,还是更具效力的跨文化交际工具。[①]通过分析现有英语教材,我们认为文化教学的内容包括以下几个方面。

一、与词汇有关的文化内容

词汇是最直接反映语言文化背景的,是语言中最活跃、最有弹性的成分,也是文化载荷量最大的成分。从其词义入手,可以区分其直接意义和隐含意义,直接意义即是词汇的字面含义,隐含意义包括词汇的文化含义,概括起来主要有三种:①不同语言中直接意义相同的词语在文化上有不同的含义;②体现文化内容的固定惯用语,包括成语、俗语等;③词语的褒贬在文化中的差异。学生通过对词汇文化内涵的学习,了解中外国家的历史与文化,这才是成功学习外语的关键。因为英语词汇的文化内涵不但会影响学生对一些文章和问题的理解,还会影响学生对英语语言的正确使用。通常,学生可以通过查询英语词典知道词语的直接意义,但却无法深入地了解词语背后隐藏的丰富的文化内涵。容易在跨文化交流中造成误解,因此在教学中尤其要注意强调和区别。英语中的许多词汇与中国文化有着截然不同的含义,这使得在外语教学中增加对具有文化内涵词(culturally loaded words)的讲解,不仅要讲单词的本义(lexical meaning),更要强调它的文化意义(cultural meaning)。这会大大提高学生对学习词汇的兴趣,培养学生对文化差异的敏感性,而且能使学生真正学会使用灵活多变的词汇。

教师在教学过程中尤其要重视那些理性意义相同或相近,但情感意义、比喻意义、联想意义、搭配意义不同或差异较大的英汉词语。这主要涉及动植物名称、颜色等,不同文化中相同的概念用不同的词语来表达,在这方面表现得尤

[①] 于华,赵晓凤. 对于大学英语文化教学内容的探讨[J]. 时代文学(下半月),2010(4):117-118.

为突出。

在英美国家,白色表示纯洁、高贵,故婚纱是白色的,而在中国白色意味着死亡、疾病。此外,在西方国家中许多表示颜色的单词也可以是姓氏,如White(白色、怀特)、Brown(棕色、布朗)、Green(绿色、格林)。还有习语也与颜色有关,如"black tea"(红茶)、"a white man"(忠实可靠的人)、"He was looking rather green"(脸色不好)。

在西方国家中,有些表示动物的单词用在习语中,改变了它原来的本意,如下所示。

to lead a dog's life(过着牛马不如的生活)。

to take horse(吹牛)。

a lion on the way(拦路虎)。

like a duck to water(如鱼得水)。

as timid as a rabbit(胆小如鼠)。

a cat on hot bricks(热锅上的蚂蚁)。

英语词汇在长期使用中积累了丰富的文化内涵,并逐渐形成一些习语。习语的产生与人们的劳动和生活密切相关。英国是一个岛国,其航海业曾一度领先世界;而汉民族在亚洲大陆生活繁衍,人们的生活离不开土地。比喻花钱浪费,大手大脚,英语是"spend money like water",而汉语是"挥金如土"。相当一部分的词和词组在某种程度上打上了文化的烙印,给学生理解词汇和运用词汇带来一定的困难。例如,玫瑰(rose)在中西文化中都象征着爱情,说明不同民族的文化存在着共性,但也存在着个性的差异,而有关"rose"的英语成语,如"under the rose"却是秘密和沉默的象征,这反映了在会议桌上方悬挂玫瑰花意味着所有与会人员必须保守秘密的古老习惯。这一习惯又源于罗马神话:Cupid给了沉默之神Harpoerates一枝玫瑰以防止他泄露Venus的不检点行为。在中国文化中,人们常用带刺的玫瑰来比喻那些容貌美丽,但却不容易接近的姑娘。在汉语的文化氛围中,"东风"即是"春天的风",夏天常与酷暑炎热联系在一起,"赤日炎炎似火烧""骄阳似火"是常被用来描述夏天的词语。而英国地处西半球、北温带,为海洋性气候,报告春天消息的是西风,英国著名诗人雪莱的《西风颂》正是对春的讴歌。通过文化与单词讲解的结合,不仅能给学生更多的线索记忆单词,扩大学生的知识面,还能活跃课堂气氛。

二、与交际环境有关的文化内容

(一) 日常交际文化的输入

人们的交际方式与其文化密切相关,不同的文化、不同的风俗习惯和不同的思维方式会产生不同的交际方式。在大学英语教学中进行文化输入,目的是培养具有跨文化交际能力的人才,而跨文化交际最终要通过人与人之间的交际来实现。常见的交际行为包括打招呼、问候、致谢、致歉、告别、打电话、请求、邀请等,需要注意用语的规范、话题的选择、禁忌语、委婉语、社交习俗和礼仪等。比如,中国人在初次见面时喜欢说自己"水平有限,请多指教",而英美人很重视自我价值,喜欢个性的张扬和显露,他们不会把中国人的话理解成是谦虚,而会认为是真的不好。中国人在和不熟悉的人交谈中,常问对方的工作地点、毕业学校、家庭情况、年龄等,对中国人而言,这样开始交谈十分自然,但这种做法会使西方人十分恼火,因为他们觉得这侵犯了他们的隐私,导致交际的不顺畅甚至失败。教师应在教学中向学生介绍不同文化背景下人们见面时的交谈内容及方式,如英国人见面时常谈论天气情况,美国人则常从橄榄球赛和棒球赛谈起。以上这些差异说明,学习一门语言不仅要了解其结构规则,还必须了解其使用规则,而语言的使用规则受其文化因素的制约。在大学英语教学中,教师应积极引导学生不要套用本族文化标准来进行外语交际,避免在交际时产生不必要的误解,如下面的一段对话。

A:Oh,what beautiful handwriting!

B:No,no.not at all.You are joking.

B的应答显然会把对方弄糊涂。因为中国人有谦虚美德,但如果是遵循英语文化习惯,可用"Thank you"表达谢意。

再如,师生假日郊游,学生给一位上了年纪的Green太太让座,说道:"Please sit down,Mrs Green,you are very old."尽管中国人的尊老爱幼是一种美德,但当Green太太听到别人直言她老,准会不高兴。反而会感觉对方很不礼貌。可见,文化方面的错误往往比语言方面的错误更严重。屋尔福逊(Wolfson)指出,在与外国人交往时,本族人对于外国人在语音和句法方面的错误往往比较宽容。与此相对应的是,违反讲话规则常被认为是不懂礼貌,因为本族人不太可能认识到社会语言学的相对性。

(二)非言语交际中的文化输入

非语言交际也是一种重要的交际方式。西方人交谈时,听者一般都会长时间注视对方的眼神,以示听者的认真和对说话者的尊重,但是在中国人看来,这是一种不礼貌的行为,因为中国人不习惯于对方长时间地盯着自己看。和美国人交谈的时候,如果你不直视对方的眼睛,他会觉得你不诚实、不诚恳,所以美国父母常对自己的孩子说:"看着我,我在和你说话呢。"而中国的长辈常会责备孩子说:"别那样看着我跟我说话。"因为在中国文化中,谈话时老盯着对方的眼睛会给人一种咄咄逼人的感觉,给人留下粗鲁、不礼貌的印象。另外,美国人和家人或好朋友交谈的人际距离一般为0~18英寸(45.7厘米),对多数美国人来说18英寸(45.7厘米)~4英尺(122厘米)为非正式场合最为合适的人际交谈距离,而4英尺(122厘米)~12英尺(366厘米)为正式场合交谈时的人际距离。

手势语言是一种非言语性交际手段,是英美人日常生活中进行交际的一种重要方式。常见的有以下几种。

1.耸肩,双臂下垂,手心向外——表示不知道或无能为力、无可奈何。

2.朝对方张开手臂——表示欢迎。

3.高举双手或伸出一手,食指和中指张开成V形——表示胜利。

4.握拳后竖起大拇指——表示同意。

5.大拇指与食指组成圆形,其余三指伸直——表示满意。

如果在课堂教学中,适当地运用一些手势语言,肯定对学生理解、习得知识起到积极的促进作用。

三、与语法、篇章结构有关的文化内容

语法方面内容很多,有时间、人称、数、句子、结构等,而这些都从不同方面反映着英、汉民族的文化。比如,英语动词时态通过词形变化表示出来,而汉语的时间需要借助不同的词表达。这里着重从句子结构表达差异的角度谈谈英、汉语法所反映的两种文化。英语为方便展开叙述,一般将修饰词后置,这便造成中英陈述句语序呈"颠倒的对称关系"。

英语:主语+谓语+宾语+方式状语+地点状语+时间状语。

汉语:主语+时间状语+地点状语+方式状语+谓语+宾语。

(1)英语句子注重形式联系:注意结构的完整和合理性,使用连词比汉语多。汉语句法关系主要靠词序和语义关系表达,并不追求形式上的完整,往往

只要达意就行了。

（2）英语句子形式的突出特点是空间搭架形式：以主谓结构为主干，以谓语动词为重心，构成以中心词向外扩展的空间架式。汉语句式的特点是按时间先后顺序，通过多个动词连用，层层铺开，呈现一个时间顺序的流水图式。因此，复合句是英语的特色，连动句、流水句是汉语的特点。

（3）英语中叙述和说明事物时：习惯于从小到大，从特殊到一般，从个体到整体；而汉语的顺序正好相反。

（4）英语句子在一般情况下必须有主语：没有主语是例外，是省略；而汉语中，主语是已知时，以不用为正常，不用时隐去，不是省略。

第五节 英语文化教学的方法

英语教学中文化教学方法的运用，既活跃了课堂氛围、激发了学生的学习兴趣，又取得了一定的教学成果。[①]这里总结出几种比较常用的方法。

一、文化渗透或文化旁白

这是课堂上教师最为常用的方法。一般来说，教材所选的课文都有特定的文化背景，有的是作者背景，有的是内容背景，有的是时代背景。如果学生不了解或缺乏相关的背景知识，就会影响他们对文章的正确理解。所以教师在教授课文前需以文化旁白的形式进行文化背景介绍。同时，课文内容往往也涉及该国家的政治、经济、文化、宗教、建筑、地理、工业、农业等诸多内容，并且此类文章的信息量大，能生动地再现中西文化的差异，可读性强。因此，教师在备课和上课时要渗透文化知识，这样大学英语课就不仅仅是单纯的语言交流，教师还可以提高学生在教育观、文学修养、价值观、社会生活和风俗习惯等方面的跨文化意识，从而大大提高学生的语言综合运用能力。

二、文化感受法

在给学生补充外语文化内容的同时，应对两种不同文化进行对比，从而培养学生对母语文化和外语文化差异性和相关性的认识，进而对英美文化有一个

---

①张利华.谈英语文化教学的方法[J].亚太教育,2015(10):72.

全方位的理解。

比如,我们把英国人和中国人寒暄问候的话比较一下,就知道其间有相同之处,也有相异之处了。(来自 Collins Cobuild English Language Dictionary)如图 7-1 所示。

英语	汉语
"How do you do？" "How do you do？"（并不正面答复所提的问题） Good morning. (1) 从早起到中午都可以说 Good morning. (2) 告别时也可以说,如 Good morning, doctor; I hope we'll see you again. Good evening. (1) 从黄昏到就寝这一段时间见面时可说。 (2) 有时告别时也可说。 Good night. (1) 晚上告别时一般说 Good night. (2) 电视节目结束时说 Good night. Good afternoon. Have a nice day ! Enjoy your week-end.	"你好"，"你好"。 "你早"："早上好"。 (1) 只能在从早起到上午九时左右说"您早"。 (2) 告别时不能说"你早"。 "晚安"（这是译语,中国人一般不说）。 (1) 中国人在同样时间见面说"你好"。 (2) 告别时说"再见"。 "晚安"(Good night 与 Good evening 译语相同)。 (1) 告别时说"再见"或"早点休息吧"。 (2) 电视节目结束时说"再见"，西化的也说"晚安"。 中国人不说"下午好"，只说"你好"。 汉语按习惯无相当的话。 汉语无相当的话。

图 7-1

三、注解法

这是完成第一类目标——学习英语文化知识的最主要的方法。注解法是在教材中对涉及具有文化特异性的内容加以注释和讲解。注解的目的是为了清楚理解难点和障碍。如讲授人教版 NSEFC 必修 2 Unit One Cultural Relics 课时,应对课文中涉及的人物、地名、事件等内容补充一定的时间、地理、政治背景等方面的内容。为了全面、忠实地解释词义,我们一般采用括号注解法,即将补充释义或限定释义的词语置于对应词之前或将一般由"指……"或"一种……"形式出现的补充性释义置于对应词之后。注解法的一种较为方便的形式是文化旁白(culture aside)。文化旁白是传授社会文化知识的方法之一,它是指在进行语言教学时,就所读的材料或所听的内容中有关的文化背景知识,教师见缝插针地做一些简单的介绍和讨论。由于学生在外语学习中,文化上的差异往往成为理解目标语的较大障碍,用这种方法能有效的清除部分语言认知障碍。跨文化交际能力的培养也是一个渐进的过程,需要不断学习、积累、实践与总结提高。要培养跨文化交际能力,除了书本知识和各种渠道的间接知识外,还必须通过口译实践中的经验来亲身体验。教师可充当讲解员,也可以运用图片、实物教具或者多媒体课件等手段进行讲解,目的是帮助学生更好的理解所读或所听的内容,又有助于丰富学生的感性认识,促进理解。

四、文化包

文化教学第二类目标(应用英语文化知识)和第三类目标(加深对本国文化的理解),都可使用这个方法。文化包的方法通常是教学内容学习加讨论形式结合进行。文化包中含有一份介绍外国文化的材料,在学习了这份材料之后,教师组织学生对材料的内容进行文化对比的讨论。例如,在学习人教版 NSEFC 必修3 Unit 2 Healthy Eating 课时,教师可提供一篇介绍西方饮食文化的材料给学生阅读,然后学生就材料的内容进行扩展性的介绍和讨论,最后再与中国饮食的文化做对比分析讨论。通过这种介绍、讨论、对比、分析等有意识的活动,来培养学生对英美文化的敏感性,使他们在英语学习中善于发现英美文化特点并乐于了解和学习英美文化。若干个具有相同内容类别的文化包可以组成文化丛(culture clusters)。通常文化包的活动时间只有十分钟长。上了几个文化包就可以上一堂课,以综合讨论和消化这个主题的内容。如有关西方饮食文化的文化丛,可以分解为饮食观念、饮食对象、饮食方式三个文化包。这三个文化包完成后,第四次课时可以综合介绍、讨论东西方饮食文化的异同。

五、文化体验

这是完成文化教学第三类目标——培养跨文化意识的有效方法。首先,由于学生只掌握语言形式,缺乏对英语文化的体验与感悟,因此他们对语言的理解比较肤浅,在语言使用中也常出现语用失误;其次,由于课堂教学的重点是有关语言形式的知识,因此教学内容缺少对学生心灵与人格的影响。这样的教学模式只是实现了教育的认知目标,而忽略了其情感目标,然而后者在教育教学活动中,特别是在语言教学中占有举足轻重的地位。莫兰认为:"文化是一个动态的、鲜活的现象,人们每天以共有的生活方式参与实践文化,同时经历和创造他们的历史或文明。"他的观点主要强调人们参与文化的体验。由此他运用"文化体验"作为文化教学理论的核心概念。要帮助学生理解文化,可以从三个框架入手:文化体验、文化知识、体验式学习循环。他提出的文化体验包括五个方面的内容:文化内涵、学生介入这一内涵的活动、预期或实现的结果、学习内容和师生形成的关联的实质。莫兰认为文化教学应运用体验性学习方式。这实际是一系列的方法,通过一个循环的过程进行文化学习。这个过程包括:参与(直接或间接)、描述(理解内容)、解释(理解原因)、回应(对自我的了解)四个步骤。即通过组织学生参加语言实践活动来了解外国的文化。学习者在体验文化的学习过程中能构建文化行为规则,获得文化信息,形成文化理解意识和个人反映。文化体验活动可以是需要学生参与度较高的戏剧表演、改编对话等活动,也可以是浏览网站、观看电影、阅读文学作品、观察图片及其他听、说、读、写等方面的活动。

六、对比分析法

文化教学第四类目标——加深对本国文化的理解可用此方法完成。对比分析的方法是跨文化研究的主要方法,也是第二语言教学的重要方法。这种方法非常有利于培养学生的文化意识。它是在教学中直接利用本国文化,通过对比两种文化的差异来进行文化教学。对比的目的是让学生发现本国文化与目的语文化之间的异同,正确区分知识文化因素和交际文化因素。由于汉语和英语分属两种截然不同的语系,而东方文化与西方文化又差异颇大,通过比较进行教学可以产生良好的效果。在这种方法的使用中,对比不能仅限于表层形式的对比,还应该有深层内涵的对比;不仅要进行语言的对比,还要有非语言的对比;不仅要做语言、非语言形式与意义的对比,还要做语言交际行为的形式和意义的对比,等等。如讲授人教版 NSEFC 必修 3 Unit 1 Festivals around the World 时,可以通过比较分析中西方具有相同功能和意义的节日,以便让学生对国外风俗理解得更深刻。这是就文化主题的讲授进行对比分析,在语言知识等方面的学习中,也可以使用这种方法。例如,英语必修模块北师大版中出现了 peacock, phoenix, bat, rooster 等表示动物的词汇。在教授这些词汇时,教师可以先列举几个表示动物的词汇,再给出它们在中西方文化背景下的不同喻义,然后要求学生先把它们与其汉语背景下的寓意相配对,再与其英语背景下的寓意相配对,最后给出含有该动物词汇的词组,从而帮助学生理解所学的表示动物的词汇在中、西方文化中的不同喻义。

七、微型戏剧教学法

每个微型剧包括 3~5 幕,每一幕都有一两个反映文化冲突的典型事例。让学生通过观察体验剧目情景,亲历文化困惑和尴尬的情景,寻找造成交际障碍和文化冲突的原因。学生也可以以剧本为依托，以文中的身份参与角色扮演或模拟表演，体验一种真实的使用感。同时这种即时的、应景的语言输入与输出保证语言习得过程的真实性与有效性，使语言学习和文化活动相结合，体现了语言学习的实用性。

八、外国文学作品的学习和鉴赏法

在教师的指导下，对文学作品进行多角度剖析，了解人物的情感和不同文化背景人物间的交流和文化冲击。

除了以上课堂上使用的方法，教师也可以直接把外国文化内容作为教学材料，编成教材并开设课程。课程内容可以是外国的习俗、典故、历史、风土人情等。目前开设的一些选修课校本课程即为此类课程。教育部总体规划教育课程，制订教育课程管理政策，确定国家课程门类和课时。制订国家课程标准，积极试行新的课程评价制度。省级教育行政部门依据国家课程管理政策和本地实际情况，制订本省（自治区、直辖市）实施国家课程的计划，规划地方课程，报教育部备案并组织实施。自教育课程改革颁布以来，有关文化教学的研究和讨论已成为外语教学界的热点话题，而且还将在一定时期内继续深入下去，其未来的发展将呈现两方面的趋势：文化日益多元化和复杂化；教学目标日益本土化。在全球化、网络化的今天，越来越多的英语使用者是第二语言或外语使用者，他们有自己的母语文化背景，他们把英语作为国际交流的工具，其交流的对象不仅仅是第一语言使用者，更多的是第二语言或外语使用者。很显然，国际跨文化交际的情景日趋多元化和复杂化，外语教学中的文化亦愈显多元化和复杂化。从交际学层面上讲，21世纪是交际的世纪，国际跨文化交际活动不仅仅在翻译中推行，更要在生活中推进。对中国而言，保障中西方文化交流畅通与长效是塑造中国大国形象的一项基本国策。同时，长期以来，我国英语文化教学一味强调中西文化的差异和英语国家的文化导入，相对轻视中西不同文化之间的相互渗透和影响，忽视外语使用中本族文化导出的意义，其后果是学习者本国文化素养的严重缺失。有越来越多的教育从业者开始关注这个问题，我国基础教育课程改革也开始重视这个问题，把对本国文化的理解作为文化教学的目标之一，这将是个良好的开端。

总之，文化教学与语言教学一样，没有定法可言，但是教学有法，只要我们认真研究，一定能找出更多更好的文化教学方法。

参考文献 REFERENCES

[1]蔡龙权,裘正铨.大学英语教学研究[M].上海:上海科学技术出版社,2007.

[2]陈全力.英语教学[M].西安:陕西旅游出版社,2007.

[3]杜秀莲.大学英语教学改革新问题新策略[M].济南:山东大学出版社,2011.

[4]何广铿,黄冰,勒妍.英语教学研究方法[M].广州:广东高等教育出版社,2009.

[5]胡德映,宋剑祥.当代英语教学理论与方法探索[M].昆明:云南名族出版社,2006.

[6]黄丽丽,陆晓蓉,杨昌君.现代英语教学理论与实践发展[M].北京:中国时代经济出版社,2013.

[7]李强.文化多样性与英语教学[M].北京:中国社会科学出版社,2003.

[8]林克难.大学英语教学策略研究[M].天津:天津科学技术出版社,2006.

[9]林立,王之江.自主学习在英语教学中的应用[M].北京:首都师范大学出版社,2005.

[10]王笃勤.英语教学策略论[M].北京:外语教学与研究出版社,2002.

[11]肖礼全.英语教学方法论[M].北京:外语教学与研究出版社,2006.

[12]徐锦芬.大学外语自主学习理论与实践[M].北京:中国社会科学出版社,2007.

[13]许智坚.多媒体外语教学理论与方法[M].厦门:厦门大学出版社,2010.